Kämpf um deine Daten

Max Schrems: Kämpf um deine Daten

Alle Rechte vorbehalten
© 2014 edition a, Wien
www.edition-a.at

Redaktion: Rudolph Lobmeyr
Gestaltung: Hidsch

Gesetzt in der *Premiéra*
Gedruckt in Europa

2 3 4 5 6 — 17 16 15 14

ISBN 978-3-99001-086-0

Max Schrems

KÄMPF UM DEINE DATEN

edition a

Für meine Eltern

INHALT

Einführung
10 Das haben wir gerade noch gebraucht
12 Zum Spannungsverhältnis Europa – USA
16 Zur Großartigkeit der IT-Industrie

Warum Privatsphäre?
20 Nazis oder Kommunisten?
27 Information ist Macht
31 Man könnte paranoid werden
38 Analysieren, Verknüpfen und »Big Data«
53 Computer says »No«
57 Risikoverschiebung
61 Die Menschenwürde

Bullshit-Bingo!
69 ... aber die Leute stellen ja alles ins Netz!
75 Ihr habt doch zugestimmt!
84 Vertrauen im Netz? Naiv!
86 Du hast doch nichts zu verstecken, oder?
90 Wir haben alles anonymisiert!
94 Wir bezahlen doch mit unseren Daten!
101 Das Diktat der Technologie
104 Datenschutz schadet Wirtschaft und Innovation!
112 Wenn nichts mehr hilft, dann kommt der Terror
118 Bist du nicht für uns, bist du gegen uns!

Andere Taktiken und Phänomene
122 Vom Zwang zur Einfalt
130 Salamitaktik
133 Heimlich, still und leise
138 Macht es noch komplizierter!
141 Privatisierung der Überwachung
146 Massenhafter Rechtsbruch
149 Verklag mich doch!
152 Ohnmacht der Behörden
163 Moderne Schnittstellenproblematik

Zukunftsszenarien
168 Kapitulation?
174 Praxistest USA

Was tun?
188 Neue Instrumente
195 Privacy by Design
199 Wettrüsten 2.0
202 Datenschutz Guerilla
206 Bewusstseinsbildung
209 Schaffung von Alternativen
213 Aktiver Grundrechtsschutz
223 Schlusswort

Einführung

1. Das haben wir gerade noch gebraucht

Nicht lange nachdem unser kleiner Kampf gegen Facebook die Titelseiten einiger großer Zeitungen zierte, erhielt ich die erste Anfrage, ein Buch zu schreiben. Eine Reihe von Verlagen und Agenten machte die einfache Rechnung: Fresse von diesem Anti-Facebook-Typen, plus Ghostwriter, plus aktuelles Thema ist gleich: Umsatz.

Mein Enthusiasmus war naturgemäß überschaubar. Ein weiteres Buch zu Facebook oder der Wichtigkeit des Datenschutzes hat die Welt gerade noch gebraucht, dachte ich. Bald war aber klar, dass es zwischen Verherrlichung von Innovationen, diversen fachspezifischen Wachrüttelversuchen und Darstellungen von Weltuntergangsszenarien wenig gut Lesbares für Normalnutzer gibt. Genau hier ist eine große Informationslücke, die es zu füllen gilt.

Nachdem ich 2011 durch ein Auskunftsersuchen bei Facebook einen Datensatz in Form von 1.222 PDF-Seiten bekommen hatte, in dem unter anderem zuvor gelöschte Daten wieder seitenweise auftauchten, gründete ich mit ein paar Freunden in meinem Wohnzimmer »europe v facebook.org«. Ich brachte eine Reihe von Anzeigen gegen Facebook in Irland ein, da wir unsere Grundrechte einfach einem Praxistest unterwerfen wollten. Was passiert, wenn sich ein Nutzer mal wirklich auf seine Rechte beruft? Durch das daraus folgende Verfahren wurde ich zu einer Art »Held des Datenschutzes« hochstilisiert, obwohl ich zu Beginn noch verzweifelt versuchte, das Ganze möglichst anonym durchzuziehen. Von einem Tag auf den anderen musste ich dann aber kameratauglich in 2,5 Minuten oder zeitungstauglich in drei Zitaten erklären, was hier eigentlich jeden Tag hinter unserem Rücken los ist und warum wir etwas tun sollten. Die Medien hatten den idealen Protagonisten für ein trockenes, abstraktes, aber doch irgendwie dringendes Thema gefunden.

Dass sich ein normaler Bürger qualifiziert beschwert, etwas tut und nicht nur bei einem Bier oder in einem Online Forum meckert, war anscheinend zusätzlich außergewöhnlich. Gewürzt mit ein bisschen »David gegen Goliath« stimmte dann auch der Chefredakteur bei der verstaubtesten Zeitung zu, dass der Technik Journalist drüber schreiben darf. Einladungen zu unzähligen Konferenzen, zur EU nach Brüssel und zu Gesprächen mit vielen Experten folgten. Nach fast drei Jahren voller Interviews, Anhörungen in Ausschüssen und Diskussionen lag ein derart reicher Schatz an Informationen, Geschichten und Lösungsvorschlägen vor mir, dass es Sinn machte, diese zusammenzufassen.

Global gesehen stehen wir noch immer erst am Anfang einer total vernetzten Informationsgesellschaft, die vollkommen neue Werte, Machtgefüge und Probleme mit sich bringt. Genau hier ergeben sich viele der spannenden Fragen, welche unseren Umgang mit den rasanten Veränderungen durch die extrem schnell voranschreitende Digitalisierung bestimmen werden. Dieser Schritt zur Informationsgesellschaft ist in vielen Punkten derart tiefgreifend, dass er ähnlich elementar wie seinerzeit die Industrialisierung, die Globalisierung und ähnliche Entwicklungsschritte ist. Wir nennen es regelmäßig das Informationszeitalter und gewöhnen uns schnell an die fast beiläufigen Veränderungen, die jeden Tag einen kleinen Schritt weiter gehen. Unsere Eltern oder Großeltern sagen immer wieder mal melancholisch, dass das früher alles unvorstellbar gewesen wäre und man damals noch Telegramme bekam. Wir fühlen uns etwas alt, wenn wir uns erinnern, dass unser erster Internetanschluss krächzende Geräusche machte und man pro Minute zahlte. Erinnern Sie sich noch an das »Auto Disconnect«, das man dringend aktivieren sollte, damit das Internet nicht weiterlief und die Telefonrechnung explodierte? Wenn Sie kein ISDN hatten, dann hatten Sie aber ohnehin gute Chancen, dass Ihre Familienmitglieder Sie erinnerten: »Dreh endlich dieses blöde Internet ab – ich will telefonieren!«

Das ist gut 10 bis 15 Jahre her. Wir treten jedoch selten einen Schritt zurück und denken über diese Veränderungen nach, überlegen uns kritisch, was neben all den extrem positiven Veränderungen auch ein Rückschritt oder ein Verlust ist. Wir, die einzelnen Nutzer, sind oft nur Beobachter, werden von einer Welle der Veränderung mitgerissen und lassen uns treiben. Ab und zu wird uns etwas mulmig dabei, aber irgendwie treiben ja alle in diesem Strudel, und was genau passiert, ist sowieso nicht so wirklich nachvollziehbar.

Eine der elementarsten Fragen im Strudel der Digitalisierung wird die Macht über Informationen sein, vor allem die Macht über Ihre privaten Informationen, und damit die Macht über Sie. In diesem Punkt zahlt es sich daher absolut aus, einen Schritt zurückzutreten und sich zu überlegen, wo uns der Strudel hinführt und ob wir dort auch hinwollen.

2. Zum Spannungsverhältnis Europa – USA

Sie werden feststellen, dass ich in diesem Buch regelmäßig einen Blick auf die Situation in den USA werfe oder Vergleiche mit dem »Land der unbegrenzten Möglichkeiten« ziehe. Das zeichnet übrigens fast alle Bücher im Bereich Informationstechnologie (IT) oder Datenschutz aus. Primär liegt das daran, dass die USA in diesem Bereich einfach weltweit dominierend sind. Genauer gesagt sind es nicht mal die USA als Ganzes, eigentlich ist es ein kleines Stückchen von Kalifornien: Das »Silicon Valley« genannte Konglomerat von kleinen Orten zwischen San Francisco und San Jose. Dort wird am Ufer der Bucht von San Francisco zu einem großen Teil die Zukunft gemacht, die in unseren Geschäften und Wohnungen landet. Fast jeder, der im Bereich IT begabt ist, will dorthin oder spielt zumindest mit dem Gedanken. Ohne dieses Stückchen Land hätten wir vermutlich viele Dinge nicht, die wir heute täglich nutzen und lieben. Es führte daher kein Weg daran vorbei, sich mit den USA und dem Silicon Valley als dominantem Player auseinanderzusetzen.

Ein weiteres interessantes Phänomen: Die USA sind das einzige westliche Industrieland, das keinen umfassenden Schutz der Privatsphäre und persönlicher Daten kennt. Mit ein paar spezifischen Ausnahmen ist dort alles erlaubt, was technisch möglich ist. Auch kulturell und wirtschaftlich ist der Wilde Westen hier noch durchaus präsent. Wer stärker ist, gewinnt. Das ist nach wirtschaftsliberaler Lesart der gerechte Lohn. Wer selbst auch mal gewinnen will, muss eben stärker werden. Auch Limitierungen und staatliche Regulierungen der freien Wirtschaft im Interesse des schwächeren Parts haben traditionell einen schweren Stand im »Land of the Free«. Daher finden sich auch viele der Extrembeispiele im Bereich Datenschutz und Privatsphäre in den USA. Das gibt uns jedoch auch die Möglichkeit, statt über abstrakte Horrorszenarien über ein großes Freiluftexperiment mit 317 Millionen Testobjekten zu reden und zu sehen was passiert, wenn wir in dieser Revolution der Technik nicht um unsere Privatsphäre kämpfen.

Ich hatte das Glück, zwei Mal, während meiner Schulzeit und während meines Studiums, in den USA zu leben. Dabei lernte ich auch in den USA zwei Welten kennen: den tief gläubigen und sehr konservativen Süden und das krasse Gegenteil im Silicon Valley. Natürlich prägte das auch meine Gedanken. Die dort gesammelten Erfahrungen dienen für mich auch oft als Referenz, wenn wir über Europa sprechen. Erst wenn man die eigene Welt in Perspektive setzt, kommt man vielen Dingen näher. Man lernt ebenso viel über sich selbst und seine eigene Kultur, wie über die fremde Kultur. Aber natürlich beginnt man, auch die USA von innen zu verstehen. Erst wenn man hier hinter die Kulissen einer anderen Kultur sehen konnte, lassen sich viele Dinge genauer einordnen und benennen.

Auf die Unterschiede zwischen diesen beiden Systemen einzugehen, ist essenziell. Unter der Oberfläche brodeln viele Missverständnisse, andere Konzepte, andere Ansichten und daraus entstehende Spannungsverhältnisse. In Europa nutzen wir das regelmäßig, um uns erhaben zurückzulehnen, die vermeintliche moralische Überlegenheit des alten Kontinents genüsslich zu zelebrieren und in antiamerikanistische Schablonen zu verfallen. Es zeigt sich so viel leichter mit dem Finger auf andere als sich selbst kritisch zu betrachten und etwas zu tun. Der NSA Skandal war bezeichnend: Die Aufregung über die USA wurde zelebriert, aber ähnliche Systeme in der EU verkamen eher zur Randnotiz. Man spielte bewusst oder unbewusst das alte Spiel vom äußeren Feind, anstatt auch vor der eigenen Türe zu kehren.

Weder die kritiklose Verherrlichung von allem, was über den großen Teich kommt, noch die generelle Ablehnung sind aber sinnvoll. Schnödes Pro /Anti USA, also reines Schwarz-Weiß macht zwar gute Schlagzeilen, ändert aber nichts. Wir müssen uns gegenseitig verstehen, kooperieren, anderen Ansichten akzeptieren und einen Modus finden, der für beide Seiten gangbar ist, um in einem weltumspannenden Netz, bei weltweit verbreiteter Technologie und bei weltweiten Produkten einen gemeinsamen Nenner zu finden.

3. Zur Großartigkeit der IT-Industrie

Wenn Sie lesen wollten, welche tollen Möglichkeiten uns das Internet und alle möglichen technischen Errungenschaften bieten, hätten Sie vermutlich nicht dieses Buch gekauft, sondern zu den Ergüssen von diversen IT-Koryphäen gegriffen. Oder sie hätten vielleicht die Verkaufszahlen einer der Biographien der Silicon Valley Prominenz gesteigert, also von jenen Menschenfreunden, die uns gnadenhalber erlauben, ihre Produkte zu kaufen, um dann wie Halbgötter gefeiert zu werden. Trotzdem muss ich zuallererst klarstellen, dass die digitale Revolution ohne Frage unser Leben unglaublich erleichtert und befreit.

Es ist leider ratsam, diese positive Seite als Datenschützer immer erst mal festzuhalten. Personen, die sich mit Datenschutz beschäftigen, dürfen ja nach der Vorstellung vieler nur aus der Schublade jener Spielverderber rauskriechen, die unsere Freude an Innovationen und funkelnden Produkten verderben. Dass Menschen gleichzeitig Spaß an neuen Technologien haben können und trotzdem ihre Bedenken äußern, bringt leider immer noch das Weltbild von vielen durcheinander. Man kann ja, nach der Vorstellung vieler, nur für oder gegen etwas sein. Blanke Ablehnung wäre natürlich relativ sinnlos. Es geht daher nie darum, »böse« Technologie zu bekämpfen, sondern tolle Entwicklungen gemeinsam in eine für die Allgemeinheit sinnvolle Richtung zu lenken.

Für mich hat sich also nie die Frage gestellt, ob diese Dinge an sich gut oder böse sind, sondern wie wir sie gestalten. Daher war für mich auch klar, dass ich Facebook, Twitter oder Google weiter nutze, auch wenn das regelmäßig für massive Verwirrung bei Journalisten gesorgt hat. Aber die Situation ist eben etwas zu vielschichtig für eine einfache Schwarz Weiß Geschichte.

Natürlich ist es überhaupt keine neue Erkenntnis, dass wir Neuerungen nicht verhindern, sondern lenken sollten. Bei jeder größeren Veränderung mussten wir als Gesellschaft neu festlegen, unter welchen Bedingungen wir Innovationen haben wollten. Nach der Industrialisierung haben wir festgestellt, dass beispielsweise Arbeitnehmerschutz unumgänglich ist, damit die Gesellschaft auch mit einer damals neuen Arbeiterklasse weiter funktioniert. Immer massivere Eingriffe in die Natur machten irgendwann klar, dass wir Umweltschutz brauchen, um zumindest die extremsten Auswüchse einzudämmen. Kaum gab es Autos, mussten wir uns überlegen, wie wir den Verkehr regeln, damit nicht nur jeder ein Auto hat sondern damit auch möglichst sicher und schnell ans Ziel kommt. Diese Liste ließe sich endlos fortsetzen. Sobald ersichtlich wurde, dass neue Entwicklungen einen echten Mehrwert bringen, ging es also nie um das ob sondern immer um das wie.

Wenn nun die Digitalisierung jeden Teil unseres Lebens durchdringt und diese Technologie eindeutig viel mehr kann als sie vielleicht soll, so wird klar, dass auch hier Regelungsbedarf besteht. Nicht weil man diese Entwicklung verhindern müsste, sondern weil wir sie zum Nutzen aller gestalten sollten. Es geht um Vertrauen, um Fairness und die Balance von Interessen. Wie weit lassen wir uns von Technologien, Konzernen und Innovationen verändern, und wie weit ordnen wir uns diesen unter? Wer bekommt wie viel vom neu entstehenden Kuchen? Stupides Ablehnen oder Verherrlichen von Innovationen ist zwar viel einfacher als eine echte differenzierte Auseinandersetzung damit, so leicht können wir es uns aber nicht machen. Wir müssen vielmehr die Konflikte erkennen und sie nach Möglichkeit im Interesse aller lösen.

Da Sie aber kein Buch über die Großartigkeit diverser Innovationen gekauft haben, darf ich im Weiteren auf die Selbstinszenierungen der Konzerne verweisen. Die können das auch viel besser. Ich empfehle überhaupt, nach jedem Kapitel dieses Buches ein Werbevideo für das neueste Handy oder einen neuen Online-Dienst anzusehen, um nicht ganz die positiven Seiten auszublenden. Ich kann Ihnen jedoch nicht garantieren, dass Sie nicht einen gewissen Zynismus verspüren, wenn Sie diesen Rat befolgen sollten. Die neueste Selbstinszenierung eines IT-Konzerns mag nach einem Kapitel über die Vorgänge hinter den Kulissen wie ein mit Antibiotika verseuchtes Käfighuhn nach einem Tierschutzfilm schmecken. Trotzdem Mahlzeit!

Nachdem ich mich also (hoffentlich erfolgreich) von jedem Verdacht der Verweigerungshaltung reingewaschen habe, würde ich nun gerne die Frage »Neue Technologie: Ja oder Nein« verlassen und in das »Ja, aber wie?« eintauchen, denn genau diese Diskussion ist wirklich spannend.

Warum Privatsphäre?

Ich gehe mal davon aus, dass ich Sie als Leser dieses Buches nicht überzeugen muss, dass Privatsphäre doch etwas wert ist. Wenn sie Ihnen nichts wert wäre, würden Sie jetzt vermutlich eher einen Krimi oder eine Liebesgeschichte lesen. Ich hoffe, wir können uns daher lange Ausschweifungen über den prinzipiellen Wert der Privatheit sparen. Gemeinsam offene Türen einzurennen ist ja für uns beide vermutlich eher minder spannend. Trotzdem gibt es einige Elemente, Hintergründe und Gedanken, die auch für bereits Überzeugte interessant sein könnten.

4. Nazis oder Kommunisten?

»Hallo? Ist da Europa gegen Facebook?«
»Ja, hallo!«
»Großartig. Ich bin von der New York Times und würde gerne über euch schreiben. Haben Sie ein paar Minuten?«
»Sicher, gerne. Wie kann ich Ihnen helfen?«
»Also, zu Beginn wollte ich fragen, warum in Europa Privatsphäre so wichtig ist. Ähm, ... ist das wegen der Nazis oder wegen der Kommunisten?«

So ähnlich fing zirka jedes zweite Interview zu unserem Facebook-Verfahren mit Journalisten aus den USA an. Warum sind diese Europäer so paranoid? Gut, dass die Überwachung durch den Staat eingedämmt werden muss, das kann man als Amerikaner ja noch verstehen: Der Staat ist böse. Aber private Unternehmen sind ja schlussendlich dafür da, möglichst aus allem Profit zu schlagen. Was haben diese Europäer also mit ihrem komischen Datenschutz?

Nun kann man Journalisten bei derartigen Fragen Ignoranz, Blödheit oder amerikanischen Imperialismus vorwerfen. Ich sehe das neutraler. Man muss zugeben, dass Privatsphäre ein höchst unerklärliches, teilweise absurdes und stark kulturelles Konstrukt ist. Es gibt meistens keinen logischen Grund, warum wir gewisse Dinge im Geheimen machen wollen und andere in der Öffentlichkeit.

Als ich in China in einem Busbahnhof aufs Klo musste, trennte mich von meinem Nachbarn nur eine hüfthohe Wand. Stuhlgang wie bei den Römern, als gemeinschaftliches Erlebnis. Ich musste zum Glück nur klein. In Japan saßen wir wenige Wochen später auf Toiletten, die auf Knopfdruck Geräusche und Melodien spielten, damit draußen nur ja keine unschönen Körperlaute zu hören waren. Zwei Stunden Flugzeit trennen diese hüfthohen Abtrennungen von einer Kultur, die ganz natürliche Geräusche nicht ertragen kann und diese lieber mit Soundmodulen übertönt.

Wer in den USA durch eine Vorstadt fährt, findet keinen Zaun, keine Hecke und meistens auch keine Vorhänge. Jeder kann direkt von der Straße ins Wohnzimmer sehen. Wenn ein Bäumchen an der Grundgrenze gepflanzt wird, dann nur um klarzustellen, wie weit man seinen Rasen mähen muss. Der Front Yard ist die Visitenkarte des Hauses, im Hinterhof liegen nicht selten der Dreck, eine Hundehütte und ein altes Trampolin. In Zentraleuropa sind wir hingegen Meister der Mauern, Hecken, Zäune und Vorhänge. Meine Mutter arbeitet seit Jahren daran, eine möglichst hohe und dichte Hecke zur Straße hin zu haben. Strategisches Schneiden soll dabei höchste Bedeutung haben, sagt sie. Als wir einen alten österreichischen Freund der Familie besuchten, der nun in den USA lebt, war sofort klar wo er wohnte, als wir in seine Straße einbogen: in dem einzigen Haus mit einer dichten Hecke. Ein kleines Stück österreichische Privatheit in einem Vorort von New York.

Im Jahr 1928 hatte der US Supreme Court zu entscheiden, ob die US-Verfassung die Telefonüberwachung irgendwie einschränkt. Das Gericht entschied, dass es keine Privatsphäre bei Telefongesprächen gibt, denn die »Telefonleitungen sind ebensowenig Teil des Hauses oder des Büros wie die Highways, entlang derer sie gespannt sind.« Ein Telefonat ist also nicht privat. Punkt. Erst 1967 änderte das Höchstgericht seine Ansicht, und die Telefonleitungen wurden dann über Nacht doch Teil des Hauses oder Büros oder zumindest so etwas ähnliches Privates.

In den USA ist juristisch gesehen überhaupt nur das privat, bei dem Bürger eine »vernünftige Erwartung« haben können, dass es privat ist (»reasonable expectation of privacy«). Wenn es um vernünftige Erwartungen geht, trennen Europäer und Amerikaner oft Meilen oder Kilometer, je nachdem, wie man es vernünftig misst.

In den USA fanden Gerichte, es sei nicht vernünftig, davon auszugehen, dass der eigene Hinterhof irgendwie privat ist, denn ein Polizeihelikopter könne ihn ja einsehen. Daher: kein rechtlicher Schutz gegen Überwachung. Auch wenn Sie jemandem anderen etwas anvertraut haben, können Sie nicht vernünftig erwarten, dass es privat bleibt. Das geht so weit, dass Sie nicht vernünftig davon ausgehen dürfen, dass Ihr E-Mail Provider (dem Sie zwangsläufig Ihre E-Mails weitergeben müssen) diese nicht dem Staat weitergibt. Als allerdings die Polizei mit Wärmebildkameras nach Drogenplantagen suchte, entschied ein Gericht, dass man vernünftigerweise nicht davon ausgehen musste, dass ein privates Haus mit Wärmebildkameras durchleuchtet wird. Nachsatz: Es sei denn, Wärmebildkameras werden irgendwann eine weit verbreitete Technologie, dann ist es wieder nicht mehr vernünftig davon auszugehen, dass Sie mit Ihrer Pot Plantage (oder auch nur Ihrem Ficus Benjamin) privat bleiben. Kurz gesagt: Alles, was technisch möglich und nicht unglaublich trickreich ist, ist erlaubt.

In Europa hat hingegen der Gerichtshof für Menschenrechte entschieden, dass man auf der Straße vor einer Überwachungskamera einen Suizid hinlegen kann und trotzdem davon ausgehen darf, dass diese Bilder nicht ans Fernsehen weitergegeben werden. Aber auch in Europa ist nicht alles ein großer privater Einheitsbrei. Im hohen Norden etwa sind die Steuerdaten der Bürger öffentlich. Dort können Sie also einfach nachsehen, was Ihr Nachbar so verdient oder zumindest wie viel er bei der Steuerbehörde angibt. Finnen konnten diese Daten sogar über einen SMS Service abrufen. Sie sehen also, auch was innerhalb Europas als vernünftigerweise privat betrachtet wird, ist relativ.

Sexualität ist wiederum so privat, dass wir kaum jemanden Dritten daran teilhaben lassen. Jedoch gibt es eigentlich, abgesehen von den vielleicht etwas unpraktischen Gegebenheiten, keinen logischen Grund, warum wir uns nicht im Bus, der U-Bahn oder auf dem Gehsteig der Liebe hingeben sollten. Warum tun wir das also nicht? Es ist am Ende wohl Kultur. Logisch begründbar ist es, nüchtern betrachtet, nicht.

Sexualität ist übrigens ein Beispiel, bei dem wir in den USA mehr Drang zur Privatheit als in Europa sehen. Für körperliche Freuden im Auto oder im Freien haben Sie in den USA interessanterweise eine viel höhere Chance auf eine Strafe als in Europa. Denn bei Sexualität haben wir tendenziell einen weniger verschämten Umgang als unsere Freunde auf der anderen Seite des Atlantiks.

Ähnliche Unterschiede sieht man auch bei diversen Umfragen. In Deutschland waren beispielsweise laut NTV im April 2014 ganze 79% gegen die Vorratsdatenspeicherung. In den USA waren ein halbes Jahr früher laut einer Umfrage der Washington Post nur 41% gegen ein ähnliches geheimes System der NSA zur Telefonüberwachung. In den USA fand die Mehrheit von 56% die Massenüberwachung akzeptabel und 45% sagten sogar, dass die Regierung auch noch alle E-Mails überwachen sollte.

Hingegen halten viele meiner Freunde in den USA die Idee eines zentralen Melderegisters für einen Fall von massiver staatlicher Überwachung. Für uns ist das wiederum vollkommen normal. Es gibt also nicht nur einen größeren und kleineren Drang nach Privatsphäre, der Drang ist noch dazu in verschiedenen Bereichen verschieden ausgebildet.

Aber abgesehen von verschiedenen Kulturen zeigt sich selbst innerhalb eines Kulturkreises eine riesige Bandbreite an Einstellungen. Die einen haben Spaß dabei, befreit am FKK-Strand in die Fluten zu springen, die anderen meiden das Schwimmbad überhaupt, weil sie nicht unter Fremden liegen wollen. Die einen stellen freudig verwackelte Selbstportraits aus ihrem Badezimmer öffentlich ins Netz, die anderen wollen überhaupt nicht fotografiert werden und wollen schon gar nicht, dass Fotos von ihnen irgendwo online zu finden sind.

Wenn wir also von Privatsphäre sprechen, reden wir eigentlich alle von etwas anderem. Wenn Sie hundert Menschen aus ihrem Umkreis fragen, was für sie privat ist und was nicht, bekommen Sie vermutlich hundert verschiedene Antworten. Besonders unterschiedlich wird es, wenn wir über verschiedene Kulturen hinweg über solche höchst abstrakten und komplizierten Werte wie Privatsphäre sprechen. Je tiefer wir dabei in die Details gehen umso mehr sehen wir, was uns trennt. Man spricht zwar vom selben Wert, im Detail und im Konflikt mit anderen Werten haben wir aber ganz verschiedene Prioritäten.

Das sieht man natürlich auch bei anderen Themen. So sind wir uns weltweit einig, dass menschliches Leben geschützt gehört. In vielen Ländern gilt das aber nicht, wenn es um die Bestrafung eines Mörders geht. Hier ist die Strafe oder auch nur die Rache wichtiger als das Leben. Entsprechend gibt es die Todesstrafe oder eben abgehackte Hände bei Dieben. Auf die Frage, ob das richtig oder falsch ist, gibt es am Ende leider keine wissenschaftlich eindeutig richtige Antwort. Ich persönlich bin froh, in einem Land ohne staatliche Giftspritzen und Hackebeile zu leben, aber das liegt vermutlich zum größten Teil daran, dass ich es so gewohnt bin und das meinen Moralvorstellungen entspricht. Genauso können Sie über den Sozialstaat, Schranken für die Wirtschaft, die Rolle der Familie, den Sinn und Unsinn von Religionen oder tausende andere Themen jahrelang diskutieren, ohne die ultimative Wahrheit zu finden.

Natürlich gehört in der Praxis viel Größe dazu, generell zu akzeptieren, dass verschiedene Menschen, Kulturen und Länder hier, vollkommen berechtigt, verschiedene Ansichten haben. Daher möchte ich auch gleich klarstellen, dass ich nicht glaube, dass meine oder die europäische Sichtweise objektiv korrekt ist, es ist nur eine Sichtweise von vielen. Diese Sichtweise ist aber genauso legitim und ist genauso zu respektieren wie jede andere. In einer demokratischen Struktur bedeutet das vor allem auch, dass es nicht mal unbedingt eine wissenschaftliche Wahrheit für diese Position braucht. Sie legitimiert sich allein über ihre allgemeine Akzeptanz oder die Mehrheitsfähigkeit. Das Ganze gilt natürlich auch für abweichende Meinungen.

Das Spannende im Internet ist nun aber, dass Gruppen, für die Privatsphäre wichtig ist, im gleichen Raum auf Gruppen treffen, die das überhaupt nicht so sehen und auch nicht unbedingt verstehen können. So gelten im Silicon Valley die Europäer mit ihrem Datenschutz für viele als vollkommen absurde Truppe. Sowas wie ein Grundrecht auf Datenschutz, wie es in der EU vorgesehen ist, kennt man dort schlichtweg nicht. Nur bei wenigen Menschen, die beim Thema Datenschutz besonders kritisch sind, gilt die EU als schillerndes Vorbild. Zu einem großen Teil wird die Idee von Privatsphäre im Netzzeitalter dort aber wie gesagt als verträumt, falsch, überkommen und jedenfalls für die Unternehmen als lästig gesehen.

Aus irgendwelchen hehren Gründen auf möglichen Profit zu verzichten ist innerhalb des liberalen Wirtschaftsverständnisses nur schwer erklärbar. Das wäre ja wie staatliche Gesundheitsversorgung für alle. Sowas kann ja auch nur den Kommunisten einfallen, würden viele ätzen.

Neben der Frage der Anerkennung von Privatsphäre an sich, kommt man hier auch zu einem zweiten Phänomen: In Europa gibt es einen viel stärkeren Drang, die armen, kleinen Konsumenten, Arbeitnehmer oder Mieter zu schützen. In den USA gibt es hingegen eine Tendenz, die Übermacht des Stärkeren als gerechten Lohn für dessen Arbeit und Kraft zu sehen. Wer sich nicht durchsetzt, hat eben verloren. Der Wilde Westen lässt grüßen, aber an sich ist diese Grundhaltung ebenso legitim wie das europäische Beschützertum.

Die Einführung von Datenschutz ist so gesehen auch nur ein logischer Schritt nach dem Arbeitnehmer- oder Konsumentenschutz. Datenschutz ist nichts anderes als der Schutz der Bürger vor den übermächtigen Unternehmen und Staaten, nur eben im digitalen Informationszeitalter. Das Ziel, das damit verfolgt wird, ist, dass der Konsument nicht informationell ausgebeutet werden soll, ebenso wie Kreditnehmer, Mieter oder Arbeitnehmer nicht finanziell oder persönlich ausgebeutet werden sollen.

Der Schönheitsfehler im europäischen Konzept ist jedoch, dass die USA den weltweiten Markt für IT-Produkte massiv dominieren. Mit wenigen Ausnahmen haben US-Unternehmen die Software unserer Geräte nach ihren Vorstellungen gemacht. Unter dem Schlagwort »Code is Law« (die Software ist das Gesetz) gilt damit auch auf unseren Geräten faktisch die amerikanische Idee von Privatsphäre und Grundrechtsschutz. Die IT-Industrie arbeitet extrem schnell und will, wenn möglich, ein Produkt mit wenig Aufwand in kürzester Zeit auf der ganzen Welt verkaufen. Anpassungen an das Recht von etwas mehr als 190 Staaten der Erde sind da nicht vorgesehen und schon gar nicht erwünscht.

Die IT-Unternehmen gehen eher mit dem »Friss Vogel oder stirb« Prinzip durch die Welt, und das funktioniert recht gut. Was für andere Branchen unmöglich wäre, ist in der IT-Sparte total normal. Oder könnten Sie sich vorstellen, dass ein europäisches Auto in den USA eine Zulassung bekommen würde, ohne unzähligen US-Standards zu entsprechen? Oder, dass jemand in den USA einfach so Kaffee verkaufen könnte, ohne diesen mit unzähligen Warnhinweisen von »Achtung, heiß!« bis zu »Kaffee kann krebserregend sein!« zu verschönern? Das wäre unmöglich.

Wenn es sich aber um die Produkte handelt, in denen unsere gesamte Kommunikation, alle unsere Unterlagen, alle unsere Interessen und unser halbes Leben, verarbeitet oder oft auch überwacht werden, gelten lokale Gesetze plötzlich nicht. Wenn es nach den Herstellern geht, sollten hier, unter Ausblendung des Rests der Welt, nur die Gesetze und die Kultur eines Teils der Welt gelten. Das Traurige dabei: Wir sehen diesem Geschehen zu und tun nicht mehr, als uns verbal zu empören, um dann erleichtert ein Bier trinken zu gehen.

5. Information ist Macht

Aus Ihren Verhandlungen um Ihr Gehalt, Ihren Auftrag oder Ihren Job wissen Sie: Information ist Macht. Wer weiß, wo die roten Linien des Verhandlungspartners, die Interessen, die internen Abmachungen und Zwänge sind, hat schon fast gewonnen. Das Gleiche gilt natürlich auch in der Politik und der Diplomatie. Kein Wunder also, dass die NSA die Telefone ausländischer Regierungschefs und eventuell auch der EU-Behörden abgehört hat.

Diese Macht lässt sich natürlich noch viel intensiver nutzen. Man kann beinhart erpresst werden, mit Informationen. Letztes Jahr bei der Steuer etwas gedreht? Dem Partner untreu gewesen? Hinter dem Rücken des Partners sich mal so richtig ausgelassen? Oder eher peinliche Vorlieben? Wer Ihre kleinen oder großen Geheimnisse kennt, hat Sie vielleicht in der Hand. Auch hier gilt ganz klar: Information ist Macht.

Alltäglicher als die Überwachung der NSA und Erpressungen sind aber die kleinen Informationsgefälle, die wir täglich erleben. Wir wissen nicht, wann die Fluggesellschaft die Preise steigen oder fallen lässt, ob es morgen auch noch Tickets für ein Konzert gibt und ob wir besser jetzt oder erst in ein paar Wochen ein Hotel buchen sollen. Wir ärgern uns, wenn sofort nachdem wir etwas gekauft haben plötzlich ein Sonderangebot kommt. Hier fehlt uns einfach die nötige Information. Wie beim Poker wissen wir nicht, welche Karten unser Gegenüber in der Hand hat und welche Strategie er verfolgt.

Den Unternehmen geht es generell auch nicht anders, sie wissen nicht, was in Ihrem Kopf passiert. Sie sind aber drauf und dran, genau dieses Gleichgewicht des Unwissens massiv zu ihren Gunsten zu ändern. Unternehmen haben immer mehr Informationen über uns. Das Blatt in unserer Hand beim täglichen Poker wird also immer transparenter. Sie können uns je nach den aufgezeichneten Interessen, unserem Wohnort oder sogar dem Computer, den wir nutzen, ein individualisiertes Angebot machen. Es lässt sich errechnen, dass Kunde A eher mehr zahlt, Kunde B aber nur bei einem guten Preis kauft. Für Apple-Nutzer wird es dann auch mal etwas teurer, denn die Anhänger des Apfel-Kults sind ja bekannt dafür, auch gern mal etwas mehr zu zahlen. Je nach Datenbestand wird uns ein Angebot gemacht, billigere oder bessere Angebote werden gegebenenfalls ausgeblendet.

Airlines arbeiten beispielsweise derzeit daran, Flugpreise erst nach der Anmeldung des Kunden individuell zu berechnen. Wenn Sie also immer am Montag berufsbedingt von A nach B fliegen müssen, zahlen Sie dann eben etwas mehr, während der Student neben Ihnen das gleiche Ticket für den halben Preis bekommt. Die Information, dass Sie zwingend diesen Flug buchen werden, bringt der Airline große Verhandlungsmacht und Sie in eine missliche Lage. Dafür muss die Airline nur Ihren Namen aus den Passagierlisten des vergangenen Jahres abrufen und die betreffenden Informationen mit Ihrer Anfrage kombinieren. Der Rest ist banale Statistik. Ob die Airlines das durchziehen, wird man sehen. Es ist nur eine Frage der Zeit, bis andere Branchen auf ähnliche Ideen kommen.

Natürlich kann auch der einfache Schneider am Eck Ihre Löcher für etwas mehr Geld stopfen, wenn er den Eindruck hat, Sie haben das Geld und brauchen die Hose dringend. Ich setze gegenüber meinem ägyptischen Schneider immer den Dackelblick auf und lege noch mal mit »Ich bin doch Student, das kann ich mir nicht leisten« nach. Am Ende der Diskussion bekommt man den guten Mann jeweils um die Hälfte runter, wenn er wieder für 10 Minuten Arbeit 10 Euro haben will, ohne Rechnung versteht sich. Der Schneider und ich haben aber die gleichen Verhandlungspositionen. Wir pokern und bluffen. Ich weiß genauso wenig, ob sein Leidklagen über seine hohen Kosten einfach nur orientalische Übertreibung ist, wie er nicht weiß, wie viel der Student denn wirklich grad in der Geldtasche hat. Am Ende trifft man sich in der Mitte, alle sind glücklich. Das funktioniert aber nicht mehr, wenn der Kunde die Hosen runterlässt, bevor er verhandelt.

Ähnlich verhielt es sich traditionell mit der Kreditwürdigkeit. Früher bekamen Menschen keinen Vertrag oder keine Mietwohnung, weil sie einen schlechten Eindruck hinterließen oder gar ihr Ruf ruiniert war. Heute wird ihr Ruf strukturiert und digital ruiniert. Der moderne Pranger sind die Datenbanken von Kreditauskunfteien oder irgendwelche Warnlisten. Dort werden Menschen von Unternehmen gebrandmarkt. Offene Rechnungen oder Zahlungsverzüge sind dort für alle verbundenen Unternehmen einsehbar. Dabei muss der Eintrag noch nicht mal richtig sein. Oft landen dort auch falsche Informationen, denn überprüfen kann man die eingehenden Informationen oft nicht. Wer aber einmal gelistet ist, spürt schnell die Macht der Daten. Kein Handyvertrag und kein Kredit sind mehr zu bekommen. Die Kreditkarte wurde leider auch nicht verlängert. Die Macht der Daten wird hier schnell sehr real, auch wenn die Betroffenen oft keine Ahnung haben, was passiert und warum sie auf einmal gemieden werden. Ihr Gegenüber hat in ihre Pokerkarten gesehen oder glaubt zumindest, diese zu kennen. Das Spiel ist für sie erst mal aus. Das Informationsgefälle resultiert, gepaart mit der Marktmacht vieler Unternehmen, in massiven Einschränkungen Ihrer alltäglichen Freiheit.

Natürlich geht es noch viel subtiler. Informationen müssen gar nicht aktiv eingesetzt werden. Allein zu wissen, dass jemand anderer etwas weiß, kann uns beeinflussen. Wenn auf Demonstrationen die Polizei alle Teilnehmer mit Kameras aufzeichnet, kann das viele von der Teilnahme abhalten. In anderen Fällen legt man sich mit einem Gegner, der intime Informationen hat, lieber gar nicht erst an. Wenn ich weiß, dass mein Gegenüber am Pokertisch weiß, was ich in der Hand habe, versuche ich gar nicht mehr zu bluffen. Es ist wie bei einem Hund: Man muss gar nicht immer an der Leine ziehen, der Hund muss nur wissen, dass sie da ist, um sich zu fügen. Es reicht oft sogar aus, dass der Hund glaubt, dass es eine Leine gäbe. Die Machtausübung muss also überhaupt nicht so brachial sein, wie man sich das im ersten Moment vorstellt.

Wenn nun aber Informationen Macht sind und daher Informationen über eine Person Macht über diese Person, wie kann man dieses Machtgefälle ausgleichen? Ich denke, es ist im Prinzip nicht viel anders als bei der Macht durch andere Ressourcen: Wir müssen umverteilen.

In diesem Credo lässt sich viel von der netzpolitischen Debatte um Information und Datenschutz zusammenfassen. Den meisten Menschen geht es um so etwas wie die soziale Informationswirtschaft als Abkömmling der sozialen Marktwirtschaft im Informationszeitalter. Eine Umverteilung im Informationszeitalter bedeutet einerseits Transparenz bei den Datensammlern und andererseits Schutz der Nutzer. Wie bei der sozialen Marktwirtschaft kann man natürlich endlos streiten, wie viel Information wir umverteilen müssen und wie man das am besten umsetzt. Darauf wird es auch nie eine finale Antwort geben. Die Unternehmen werden natürlich von »Robin-Hood-Manieren« sprechen und ihre total legale Machterlangung durch Leistung und Strategie vorschieben.

Wenn wir uns aber generell einig sind, dass wir in einem Informationszeitalter leben und daher auch von einer Informationswirtschaft ausgehen, dann können wir nicht so lange Daten Monopoly spielen, bis wenige die Macht über das ganze Spiel erlangen. Denn anders als bei Monopoly können wir das Spiel nicht einfach hinschmeißen, wenn es kippt. Weil eine entwickelte Demokratie auf einer breiten Akzeptanz aller Teilnehmer basiert, müssen wir einen Modus finden, der dauerhaft für alle Spieler akzeptabel ist und nicht nur einen alleinigen Gewinner kennt. Daten Monopoly ist jedenfalls kein solcher Modus.

6. Man könnte paranoid werden

Schleichend wird unser Leben digitalisiert, heute gibt es nur wenig, das nicht irgendwie erfasst wird. Neben Schlüssel und Geldtasche darf unser Handy nie fehlen, wenn wir das Haus verlassen. Wobei mein Handy heute mehr Rechenleistung und Speicherplatz als mein alter PC hat und insofern eher ein kleiner Computer mit Telefonfunktion ist. Der GPS-Chip ist im Handy schon dabei. Die Kamera und unzählige andere Sensoren machen die Handy-Apps glücklich, die ohne Zugriff auf alle möglichen Daten, die sie eigentlich nicht brauchen, leider nicht installiert werden können.

In den Bussen, Zügen oder U-Bahnen, an öffentlichen Plätzen und in praktisch jedem Geschäft werden wir von Kameras gefilmt. Wir haben Millionenbeträge in omnipräsente digitale Augen investiert. Die Kameras im Supermarkt halten dann auch messerscharf fest, ob wir Granny Smith oder Golden Delicious in den Einkaufswagen gelegt haben. Obstdiebstahl ist schließlich ein massives Problem unserer Gesellschaft. Trotz der lückenlosen Überwachung werden wir an der Kasse trotzdem gefragt, ob man auch noch in unsere Tasche schauen kann.

Unsere Autos sammeln nicht nur selbst Daten über ihre Nutzung, sie werden auch bei der Durchfahrt jeder digitalen Mautstelle vermessen und erfasst. Mit etwas Glück wird mittels Kennzeichenerfassung über weite Strecken gemessen, ob wir nicht zu schnell fahren. Die sogenannte Section Control freut den Verkehrsminister und den Finanzminister zu gleichen Teilen. Den Rest erledigen die Radarboxen. Versicherungen wollen schon längst digitale Boxen in unseren Autos installieren, um unsere Bewegungen zu speichern. Unsere Navigationssysteme sagen dem Hersteller schon heute wo, wann und wie schnell wir unterwegs sind.

Unsere Arbeitszeit wird elektronisch erfasst und je nach Job auch unsere Leistung. Ein Mitarbeiter im Call Center wird ja schließlich nicht für gute Beratung bezahlt sondern für die Abfertigung möglichst vieler lästiger Kunden pro Stunde. Leistung ist inhärent messbar.

Alle Verbindungen unserer Telefone werden sowieso mittels Vorratsdatenspeicherung protokolliert, bis hin zum genauen Ort, an dem wir uns befinden. Der Terrorismus ist ja bekanntlich im täglichen Leben jedes Mitteleuropäers ein ständiger Begleiter, vor dem wir uns erst ganz fest fürchten müssen, damit wir dann Biertischpolitiker für die Bereitstellung einer einfachen Lösung wählen.

Im Fitnessstudio bekommen wir kleine Speicherschlüssel, auf denen jede Bewegung gespeichert wird, damit wir uns selbst vermessen können. Der Trainer weiß beim nächsten Gespräch genau, dass wir die Übungen ignoriert haben, die wir eh nie machen wollten. Unsere Freunde kaufen sich sogar Laufschuhe und Armbänder, die jeden Schritt messen, auch wenn sie an ihrem Bauchumfang sehr viel leichter messen könnten, dass sie noch nicht am Ziel sind.

Je nach Anbieter wird der Inhalt jeder E-Mail, die wir versenden, analysiert und nach Verwertbarem durchsucht. Auch wenn wir selbst keinen solchen Anbieter nutzen, reicht es, wenn unsere Gesprächspartner das tun, damit unsere E-Mails im System landen. Wenn wir etwas Glück haben, dann hat unser Arbeitgeber, unsere Schule oder unsere Universität sowieso schon ihre eigene Infrastruktur aufgegeben und unsere Daten in die Cloud eines IT-Konzerns verschoben.

Unsere Zahlungen werden bei verschiedenen Kartenfirmen und unsere Banken genau verfolgt. Kreditauskunfteien legen ohne unser Zutun umfangreiche Informationen über uns an und sammeln dabei Daten von unzähligen Stellen. Sie berechnen irgendwelche Kennzahlen, die unsere Zuverlässigkeit beschreiben sollen.

Wir arbeiten nicht nur am Computer sondern verbringen auch immer mehr von unserer Freizeit im Internet oder vor dem PC. Fast jede Seite, die wir im Netz besuchen, verfolgt uns, zeichnet Interessenprofile auf und will wissen, was wir tun. Die großen Online Unternehmen verfolgen uns auf fast allen Seiten im Netz, denn ihre

Dienste sind im Hintergrund fast überall integriert. Die Software auf unserem Computer oder Handy verfolgt uns sowieso, viele der zusätzlichen Apps sind nur dafür gemacht.

Unsere Freunde stellen Informationen über uns online oder stellen ihre gesamten Adressbücher überhaupt ohne unser Wissen irgendwelchen Unternehmen zur Verfügung. Wir bekommen am Ende E-Mails von Firmen, mit denen wir nie etwas zu tun hatten.

Kurzum: Nur wenig in unserem Leben wird noch nicht erfasst. Dabei wäre der Großteil dieser Dinge vor 10 Jahren noch relativ futuristisch gewesen. Vor kurzem machte mein Computer noch quietschende und rauschende Geräusche, um sich beschwerlich mit Hilfe eines Modems mit dem Internet zu verbinden. Internet bezahlte man pro Minute, was bei zirka einer halben Stunde pro illegal runtergeladener MP3 mehr kostete als eine bezahlte MP3 heute, trotzdem war es die diebische Freude wert, wenn etwas »Robin-Hood-Stimmung« vor dem Röhrenmonitor aufkam.

Wenige Jahre später ist der Fernseher meiner Mutter schon über WLAN »always on«, auch wenn sie bis heute nicht weiß, was das genau bedeutet und was es bringen soll. Bald sollen sowieso möglichst alle Geräte und Objekte irgendwie Daten produzieren und mit dem Netz verbunden sein. Nur das mit dem Kühlschrank, der im Internet unser Essen bestellt, ist irgendwie nicht so gekommen, wie es uns vor 10 Jahren versprochen wurde. Es wird uns aber weiterhin für die kommenden 10 Jahre vorausgesagt. Was bis dahin noch alles kommt, kann man sich erst grob vorstellen. Sicher ist, dass immer mehr Teile unseres Lebens digitalisiert, vernetzt und damit auswertbar werden. Keiner hätte sich gedacht, dass ein Buch die genaue Lesegeschwindigkeit, Verweildauer, das Überspringen von Kapiteln und ähnliches erfassen kann. Wenn Sie dieses Buch auf einem eReader oder Tablet lesen, ist es je nach Modell jedoch durchaus möglich, dass dies gerade passiert. Jahr für Jahr kommen weitere Geräte dazu, die vernetzt sind und mehr Daten über uns sammeln. Ob sich die Zahnbürste mit Bluetooth, permanenter Putzauswertung und passender Handy-App unbedingt durchsetzt, sei dahingestellt, aber schon dieses Beispiel zeigt, dass man in fast jedes Ding des täglichen Gebrauchs einen Computerchip einbauen und so Daten über eine Person produzieren kann. Jedenfalls geht der Weg sicherlich nicht zurück sondern es werden noch mehr Daten generiert, diese werden noch stärker vernetzt und noch viel intensiver ausgewertet als heute.

Zeit für ein kurzes Selbstexperiment: Gehen Sie doch kurz durch Ihren Tagesablauf. Wie viele Daten hinterlassen Sie an einem Tag? Wenn es gut geht, dann ist schon Ihr Weckruf auf dem Handy gespeichert. In diesem Fall fängt Ihr Tag digital an, bevor Sie noch das erste Mal »ich will noch liegen bleiben« gedacht haben. Wenn Sie sich stark bemühen, dann kommen Sie vielleicht bis zur Türe, ohne Daten zu hinterlassen. Ab der Tür loggt sich Ihr Handy brav in jeden Funkmasten ein und zeichnet so Ihre Bewegungen auf, aber schon bis zur Türe schaffen es vermutlich nur wenige ohne omnipräsente Datenspur. Sind Sie erst mal aus der Tür, geht es bei Ihnen vermutlich rasant zu. Wie viel kommunizieren Sie eigentlich noch analog? Also per handgeschriebenem Brief oder im persönlichen Gespräch? Mit allen E-Mails, Anrufen, ein paar Klicks auf Ihren Lieblingswebseiten, ein paar Suchen im Internet zu Arbeit und Freizeitplanung haben wir schon einen recht netten Katalog an Informationen über Sie zusammen.

Jetzt verknüpfen wir das noch mit anderen Daten, die bei Datenhändlern verfügbar sind. Danach vergleichen wir es mit bekannten Mustern von zehntausenden anderen Personen und ein paar anderen Statistiken und schon wissen wir mehr, als Sie vermutlich wollen.

Es kommt natürlich auf Ihren Einzelfall an, aber am Ende eines Tages hat ein Mensch eine Datenspur hinterlassen, die schnell mal ein paar Hundert Seiten lang ist. Den Großteil davon haben Sie nicht direkt fabriziert sondern die Geräte in Ihrem Umkreis. Jeder Vorgang hat zum Beispiel einen umfangreichen Haufen an Metadaten erzeugt, also Protokolldaten, die etwa automatisch speichern, wer, was, wann, wo, wie und mit wem getan hat.

Für jede Suchanfrage soll Google über 50 Datenarten auswerten, auch wenn Sie nicht bei Google eingeloggt sind. Das passiert schon, bevor Sie den ersten Buchstaben getippt haben und Google für »A« gleich Amazon vorgeschlagen hat. Denn spätestens für den zweiten Vorschlag in der Liste will Google wissen, wo Sie sich befinden. So bekommen Sie in Österreich den Mobilfunker A1 und in Deutschland den Discounter Aldi vorgeschlagen. Unzählige andere Informationen führen dazu, dass jeder bei einer Suchanfrage etwas anderes sieht.

Ebenso lösen die vier Mal Tastendruck für den PIN am Bezahlterminal im Supermarkt in Wirklichkeit eine Lawine an Daten im Kassen und Stammkundensystem des Supermarkts, beim Kartenunternehmen, bei Ihrer Bank und bei diversen anderen Unternehmen aus. Wenn Sie in den USA leben würden, fände es die Kreditauskunftei gar nicht so toll, dass Sie beim Discounter eingekauft haben, denn das tun nur Menschen, die wenig kreditwürdig sin

Nun können Sie natürlich alle Zelte abbrechen, Einsiedler, Nonne oder Träger eines Stanniol Huts werden (der soll laut eingefleischten Paranoikern gegen die imaginären Überwachungsstrahlen der NSA helfen), aber realistisch betrachtet werden Sie nicht entkommen. Genauer gesagt sollten wir gar keinen Grund haben, dem zu entkommen. Sie sollten eigentlich unbehelligt leben können, auch wenn Sie moderne Technologie nutzen.

Wir müssen aber dringend realisieren, wie viele Daten wir heute schon täglich absondern, dass es immer mehr werden, dass diese Daten immer tiefer in unser Privatleben vordringen und wir zum größten Teil weder genau wissen, noch genau steuern können, was im Hintergrund mit diesen Daten passiert.

Können Sie auf einem Zettel Papier aufschreiben, was genau, wie, wo und warum alles über Sie gespeichert wird? Ich kann trotz gut drei Jahren intensiver Beschäftigung mit Facebook nicht einmal genau sagen, was dieses einzelne Unternehmen im Detail über mich speichert und vor allem, was es mit meinen Daten macht. Dabei ist das nur ein sehr kleiner Teil meines persönlichen Datenhaufens.

Wir »datifizieren« also immer mehr Bereiche unseres Lebens. Das Speichern von Milliarden von Informationen über jeden Menschen ist relativ billig geworden. Als ich vor gut zehn Jahren Programmieren lernte, wurden wir noch gedrillt, möglichst sparsam mit Speicherplatz zu sein. Wenn man bei einer Berechnung eine kleine Zahl erwartete, legte man im Computerprogramm eine Integer Variable an. In solchen Variablen konnten man zwar nur Zahlen bis 32.767 speichern, dafür blockierten sie weniger Speicherplatz. Erhöhte sich die Zahl auf 32.768, dann konnte der Computer die Daten nicht mehr speichern, es gab eine Fehlermeldung. Das nahm man aber in Kauf, um ein paar Bytes zu sparen. Das fertige Programm speicherte man auf (schon damals altmodischen) Disketten, weil es USB Sticks noch nicht wirklich gab und CD ROMs zu brennen unpraktisch war. Süß, oder?

Heute sieht es anders aus: Die Menge der weltweit vorhandenen Daten soll sich zirka alle 2 Jahre verdoppeln. Es heißt, wir haben bis 2003 in unserer gesamten Menschheitsgeschichte insgesamt so viele Daten festgehalten, wie wir heute alle paar Tage fabrizieren. Das muss man sich mal vorstellen: Alle Bücher, Videobänder, Filme, Bibliotheken, Archive, Serveranlagen und Niederschriften von tausenden Jahren sind im Umfang geringer als die Daten, die wir heute in ein paar Tagen ausstoßen. Natürlich ist das nur eine quantitative Betrachtung. Vieles davon ist einfach Datenmüll. Das Problem ist nur, dass das Löschen dieser Datenmassen oft komplizierter und sogar teurer ist, als einfach alles zu behalten. Wo früher die Festplatte voll war und mühevoll alte Daten aussortiert wurden, wird heute eine größere Festplatte reingesteckt oder für ein paar Cent weitere Giga-oder Terabytes Cloud Speicher dazugekauft. Problem gelöst.

Wenn das allgemeine Daten über den Verkehrsfluss, das Wetter, technische, wissenschaftliche oder administrative Informationen sind, ist das für den Menschen normalerweise unproblematisch oder sogar extrem hilfreich. Viele der erfassten Daten lassen jedoch direkte Rückschlüsse auf uns zu, auf unser Verhalten, unsere Persönlichkeit und unsere Gedanken. Diese personenbezogenen Daten können ein Problem werden. Sie explodieren heute ebenso exponentiell wie der Rest. Diese Daten erlauben gleichzeitig immer tiefere Einblicke in unser Leben und unsere Gedanken.

Allein der Umfang von Informationen, die über jede einzelne Person gesammelt werden, ist erdrückend. Nicht mal Ihr persönlicher Datenhaufen ist heute noch von Ihnen überblickbar. Schon gar nicht überblickbar sind die Datenhaufen von Milliarden Menschen, die bei Millionen Unternehmen und Stellen verarbeitet werden. Jedes Jahr wird das noch mehr. Selbst Experten können Ihnen auf die meisten Fragen zu den Datenflüssen und den Details dieser Sammelwut keine konkreten Antworten geben. Die Datenwirtschaft ist heute selbst für die hellsten Köpfe unter uns zu komplex und weitläufig.

Leider ist der Umfang der Datifizierung für 99% unserer Mitbürger noch nicht real greifbar. Sie geschieht abstrakt, unsichtbar und schleichend. Es hat sich zwar herumgesprochen, dass der elektrische Strom nicht von der Hauswand abgesondert wird und dass ein Klo auch kein Loch zum Nirwana ist sondern dass alles irgendwo herkommt und wieder irgendwo hingeht. Was aber mit unseren Daten hinter den Displays passiert, die wir so gern ansehen (oder auch liebevoll streicheln) hinterfragen nur wenige. Das eine Prozent von uns, das genauer darüber nachdenkt, was hinter den glänzenden Oberflächen so passiert, ist dann meistens entweder paranoid geworden oder wurde zum Datenschützer, manchmal auch beides.

7. Analysieren, Verknüpfen und »Big Data«

Die heutigen, unglaublich umfangreichen Sammeltätigkeiten sind schon sehr beeindruckend. Noch spannender ist jedoch, was mit diesen Daten dann noch alles passieren kann. Wenn meine persönlichen Informationen irgendwo im Keller vergammeln würden, wären meine Sorgen eher gering. Natürlich passiert aber genau das Gegenteil: Auch die Verwertung unserer Daten wird immer umfangreicher. Auch hier wird täglich tiefer in unser Leben eingedrungen.

Leistungsfähigere Computer können auch bei großen Datenmengen tiefgreifende und detaillierte Analysen auf Knopfdruck zaubern. Aus tausenden Informationen und Faktoren wird schnell ein Wert, eine Entscheidung oder eine Aussage errechnet. Aus hunderten Artikeln, die Sie auf Amazon angesehen und den paar, die Sie gekauft haben, wird in wenigen Millisekunden errechnet, was Sie vielleicht auch noch interessieren könnte. Aus tausenden Suchabfragen der letzten Jahre errechnet Google, gemeinsam mit anderen Faktoren, ob Sie beim Suchwort »Ägypten« auf der ersten Seite Urlaubsinformationen oder eher Informationen zur derzeitigen politischen Lage bekommen. Facebook errechnet auf Knopfdruck aus tausenden Meldungen jene relevanten Informationen, die Sie auf der ersten Seite angezeigt bekommen. Die passende Werbung wird auch gleich mitberechnet. Dafür werden jeweils Millionen Informationen verarbeitet und verknüpft. Alter, Interaktionshäufigkeit, Freundschaften, Klickverhalten, angegebene und errechnete Interessen, Reaktionen von Freunden und hunderte weitere Informationen werden bemüht, um für Sie ein paar Meldungen auszuwählen.

Wenn ein Dienst das gut macht, ist die Wahrscheinlichkeit höher, dass Sie etwas kaufen, was Sie eigentlich nie wollten, weiter auf der Seite bleiben und weiterklicken. Die Nachteile solcher Analysen sind heute noch halbwegs überschaubar. Im schlimmsten Fall landen wir regelmäßig in einer sogenannten »Filter Bubble«: Damit beschreibt man das Phänomen, dass automatische Analysen den größten Teil der Informationen wegfiltern und damit bestimmen, was wir sehen oder eben auch nicht sehen. Der Informationsreichtum des Netzes wird dadurch beschnitten, ohne dass wir auswählen können, was wegkommt. Die Informationen werden immer weiter auf unsere Interessen eingeschränkt. Das bedeutet auch, dass wir in unserem eigenen informationellen Saft immer weiter einkochen. Wie bei einer Tageszeitung schneiden die Algorithmen jene Seiten weg, die Sie selten lesen. Politik? Weg damit! Sie blättern eh immer nur drüber. Dafür gibt es jetzt 25 Seiten Sport und Chronik. Wenn Sie glauben, jeder bekommt die gleichen Ergebnisse bei Google, die gleichen Updates bei Facebook oder die gleichen Vorschläge bei Amazon, dann liegen Sie falsch. Es wird alles anhand Ihrer Daten gefiltert und angepasst. In den USA geht das so weit, dass Republikaner tendenziell nur die Meinung von Republikanern und die Demokraten nur demokratische Meinungen sehen. Andere Meinungen und neue Dinge, für die wir uns bis dato nicht interessiert haben, werden weggefiltert. Demokratiepolitisch ein Wahnsinn.

Aber im Vergleich mit anderen Möglichkeiten ist diese Filter-Problematik eher ein Kindergeburtstag. Mit ein paar Daten und einer guten Analyse kann man beispielsweise in Ihre Gebärmutter sehen – kein Scherz. Target, ein US-Supermarkt, machte Schlagzeilen, weil ein Verantwortlicher erklärte, dass der Supermarkt einen »Schwangerschaftsindex« für seine Kunden anlegt. Dafür haben die Analytiker von Target in Millionen Datensätzen Verbindungen gesucht. Dinge, die Kunden gekauft haben, bevor sie später Kindersachen kauften. Die Analytiker hatten am Ende eine Liste von Dingen, die statistisch relevant waren. Wenn Kundinnen diese Produkte kauften, konnte der Supermarkt sogar den Geburtstermin relativ genau errechnen. Der zuständige Analytiker meinte dazu in der New York Times, man schicke natürlich keine Aussendung mit »Gratulation zu Ihrem ersten Kind!« Man macht das etwas subtiler. An die Kunden werden »zufällig« die entsprechenden Werbungen oder Gutscheine für Babykleidung, Kinderwägen und Wickeltische verschickt. Die Aufregung in den USA war groß.

Natürlich ist davon auszugehen, dass Target nicht nur einen Schwangerschaftsindex, sondern auch unzählige andere solcher Indices für jeden Kunden anlegt. Target hält sich dabei an alle (US-)Gesetze. Der Mitarbeiter räumte gegenüber der New York Times aber ein: »Selbst wenn man sich an die Gesetze hält, kann man Dinge tun, bei denen den Leuten schlecht wird.« Ob Target den betroffenen Leuten entsprechende Gutscheine für Beruhigungstropfen zuschickt, ist nicht überliefert.

Penetrant umworben zu werden kann schon sehr grenzwertig sein. Noch problematischer wird es aber im gegenteiligen Fall, also wenn Sie gewisse Dinge nicht mehr bekommen, weil Ihre Daten analysiert wurden. Wenn Sie keine Gutscheine oder Angebote bekommen, die alle anderen bekommen, weil Sie nicht genug Umsatz bringen, wenn Sie keinen Vertrag bekommen, weil die Analyse Sie als unprofitablen Kunden ausgewiesen hat. Das muss nicht bedeuten, dass Sie nicht zahlen. Vielleicht zahlen Sie einfach nur zu wenig. Vielleicht gehen Sie nicht jedem Werbeversuch auf den Leim. Wenn Sie beispielsweise ein disziplinierter Kunde sind und eben nur die Sonderangebote nutzen, sich aber dann nicht zu großen Käufen hinreißen lassen, dann bringen Sie keinen ausreichenden Profit.

Heute ärgern wir uns, weil wir ohne Kundenkarte irgendwo keine Minus 20% bekommen. In Zukunft werden wir hingegen oft gar nicht mehr wissen, welche Optionen es gibt und was vor uns versteckt wird. So etwa hat der Zahlungsdienst PayPal mit einigen US-Airlines die Kundendaten ausgetauscht. Diese Airlines speichern in ihrer Kundenkartei, dass Sie ein PayPal-Konto haben. Wenn Sie ein Ticket kaufen, werden alle anderen Zahlungsoptionen ausgeblendet, und Sie können nur noch mit PayPal zahlen. Die Unternehmen sparen damit Kreditkartengebühren und haben vermutlich auch einen besseren Tarif von PayPal bekommen. Wenn Sie lieber mit Kreditkarte gezahlt hätten, dann ist das Ihr Problem. Ähnliches gibt es auch mit Kreditinformationen. Wenn Sie als höheres Risiko gelistet sind, können Sie nur noch vorauszahlen, die anderen Optionen werden Ihnen nicht mal mehr angezeigt. Der Vorteil für die Unternehmen: Sie wissen nicht mal, was Sie nicht bekommen.

Zur immer tiefer gehenden Analyse kommt die immer umfassendere Verknüpfung und Wiederverwendung von Daten hinzu. Wie im PayPal Beispiel werden Daten über den einzelnen Zweck der Datensammlung, über die einzelnen Unternehmen und über alle anderen Grenzen hinweg verknüpft. Durch die Verknüpfung entsteht aus einzelnen Datenpunkten ein eng verwobenes Datennetz zu jeder Person. Wie bei einem Puzzle ergibt erst die Zusammenschau aller Teile das detaillierte Gesamtbild. Die Gesamtheit ist dabei mehr als die Summe der Einzelteile, viel mehr.

Dieser Prozess passiert einerseits über die Verknüpfung von Ihren Daten aus verschiedenen Quellen, zum Beispiel bei direkten Kooperationen verschiedener Unternehmen, über Datenhändler und über die Integration von externen Systemen. Andererseits werden Ihre Daten auch mit den Daten anderer Personen verknüpft, die Ihnen irgendwie ähnlich sind oder Rückschlüsse auf Sie zulassen.

Ein Beispiel: Wenn man von Ihnen etwa nur weiß, dass Sie ein gewisses Studium an einer Uni besucht haben, so lassen sich die Informationen aller anderen Personen mit dem gleichen Merkmal mit Ihren Daten verknüpfen. Wenn Sie, wie ich, Rechtswissenschaften studiert haben, sind Sie statistisch gesehen vermutlich finanziell besser ausgestattet, konservativ und, wenn Sie das Studium überlebt haben, vermutlich auch nicht ganz doof. Wenn Sie, wie ich, im 6. Bezirk in Wien wohnen, sind Sie tendenziell finanziell okay ausgestattet, wählen Grün, kaufen Bio-Fleisch und sind ein Bobo oder zumindest nah dran einer zu werden. Wenn Sie 1987 geboren sind, dann sind Sie vermutlich Teil der »Generation Praktikum«, sind finanziell nicht so gut ausgestattet und haben bis heute keinen genauen Karriereplan.

Man sieht also, dass man schon aus drei Informationen mit einer gewissen statistischen Treffergenauigkeit Dinge errechnen kann. Wenn Sie nur die Zahlen 1060, A101 oder 1987 sehen, ist das nicht vorstellbar, aber durch die Verknüpfung mit anderen Personen, die auch als Postleitzahl 1060, als Studienkennziffer A101 und als Geburtsjahr 1987 haben, lässt sich aus diesen mickrigen drei Zahlen ein gutes Bild zeichnen. Das Ganze funktioniert, ohne diese zusätzlichen Informationen vom einzelnen Nutzer einsammeln zu müssen. Die Unternehmen brauchen nur Informationen über eine gewisse Zahl der Personen, die zu einer Gruppe gehören, um auf den Rest hochrechnen zu können. Die einzelne Person weiß nicht einmal, dass sowas passiert und geht daher auch überhaupt nicht davon aus, dass die Postleitzahl mehr als den groben Wohnort verraten kann.

Noch weiter kann man das treiben, wenn Sie beispielsweise ein Profil auf Facebook haben. Facebook braucht nicht mal mehr Ihre Angaben zu Studium, Wohnort oder Geburtsjahr. Durch Ihre Freunde lässt sich auch das ausrechnen, denn tendenziell haben Sie entsprechende Freundesgruppen, die gleich alt sind (Schulfreunde), die das Gleiche studiert haben (Studienfreunde) oder das Gleiche arbeiten (Arbeitskollegen). Über deren Daten lassen sich dann auch Ihre Informationen hochrechnen. Bei E-Mail-Konten oder anderen digitalen Beziehungen ist das natürlich auch möglich.

Das Problematische daran ist unter anderem, dass Daten, die wir irgendwo angeben, für vollkommen unvorhergesehene, absolut unerwartete Berechnungen verwendet werden. Oft sind das auch Sekundärverwendungen, die nichts mit der ursprünglichen Datensammlung zu tun haben. Wenn Sie etwa Ihre Postleitzahl in einem Webshop für die Zustellung hergegeben, haben Sie nie zugestimmt, dass dadurch Ihr vermutlicher Bio-Fleisch-Konsum oder Ihre Kreditwürdigkeit errechnet werden. Wenn Sie jemanden zu Ihrem Adressbuch hinzufügen, gehen Sie nicht davon aus, dass das zur Berechnung Ihres Wohnorts verwendet werden könnte. Das ist ein vollkommen anderer Verwendungszweck, als Sie ursprünglich dachten.

Das Problem erkannten Datenschützer schon in den 1980ern. Daher wurde in unsere Datenschutzgesetze die sogenannte »Zweckbindung« eingefügt. Das bedeutet, dass Daten nur für den jeweiligen Sachzusammenhang verwendet werden sollen und nicht für irgendwas Unerwartetes. Zweckbindung hört sich etwas formalistisch an, das Konzept kennen wir aber auch im täglichen Leben: Wenn Sie zum Arzt gehen und ihm intime Informationen über Ihre Schmerzen beim Stuhlgang geben, dann erwarten Sie implizit, dass diese Informationen nur für die Behandlung verwendet werden. Sie wären empört, wenn der Arzt das am Stammtisch weitererzählt oder wenn er die Daten an ein Pharmaunternehmen weitergibt, das Ihnen eine Testpackung Hämorrhoidenzäpfchen zuschickt. Sie erwarten vollkommen logisch, dass die Information für einen bestimmten, abgeschlossenen Zweck verwendet wird.

Die Zweckbindung, die Sie beim Arzt vollkommen natürlich erwarten, gilt laut Gesetz bei allen Daten, sie wird in der Praxis jedoch weitgehend ignoriert. Unternehmen definieren entweder den Zweck so allgemein, dass ohnehin alles erlaubt ist, oder sie vergessen auf diese Beschränkung überhaupt. Damit ist dann auch sichergestellt, dass alle Daten aus allen Quellen für jeden Zweck analysiert oder verknüpft werden dürfen. Frei nach dem Motto: »Cool, die Daten haben wir eh schon!«, wird einfach alles kreuz und quer verarbeitet und verknüpft. Die Bindung an einen spezifischen Zweck gibt es oft nur am Papier.

Generell sehen wir, dass wir selbst sehr sparsam mit den Informationen sein können, die wir preisgeben. Durch zweckfremde Nutzung, Verknüpfungen mit anderen Daten, statistische Auswertungen und Analysen kann man aber schon aus ein paar wenigen Informationen sehr viel mehr hochrechnen. Diese Systeme sind in etwa soetwas wie ein informationstechnisches Perpetuum mobile. Aus Daten werden immer neue Daten generiert. Daten sind also nicht ein Mal da und liegen dann genau so auf irgendwelchen Festplatten sondern verhalten sich heute wie ein permanent nachwachsender und sich aus sich selbst vergrößernder Rohstoff. Immer größere Massen an Rohdaten, gemeinsam mit immer mehr Verknüpfungen, Analysen und Statistiken erlauben es, den Pool an Informationen aus sich selbst heraus zu vergrößern. Das ist ein Teil des Phänomens, das heute oft mit dem Schlagwort »Big Data« beschrieben wird. Der Leitsatz »Was ich nicht angebe, können sie nicht wissen« ist schon längst überholt. Heute heißt es viel eher: »Nur was sie nicht errechnen können, können sie nicht wissen«, und täglich kann man mehr hochrechnen, analysieren und verknüpfen.

Eines der Probleme dabei ist, dass diese Hochrechnungen und Verknüpfungen nur in der durchschnittlichen Masse stimmen, nicht in jedem Einzelfall. Ich habe zwar Recht studiert, würde mich aber nicht als konservativ bezeichnen. In meinem Bezirk gibt es auch Straßen, die eher nicht auf finanziell gute Bedingungen schließen lassen. Nicht alle in meiner Generation machen unbezahlte Praktika.

Die Unternehmen nehmen diese Ungenauigkeit in Kauf. Die Hochrechnungen stimmen eben bei ein paar Prozent nicht. Wenn ich aber bei 80% richtig liege, reicht das für eine Steigerung des Umsatzes oder die generell richtige Einschätzung der Kreditwürdigkeit schon aus. Wenn Sie zu den restlichen 20% gehören, ist das eben Ihr Problem. Sie müssen dann eben in einen reicheren Bezirk übersiedeln, damit alles wieder seine Richtigkeit hat. Nein, das ist kein Scherz. In einigen Ländern bringt das eine deutliche Veränderung in der Bewertung. Da sind 100 Euro mehr für die höhere Miete vielleicht ein gutes Investment.

Oft liegen diese Ungenauigkeiten auch daran, dass hier nicht logische Brücken und »Kausalitäten« berechnet werden (also zum Beispiel wer Rechtswissenschaften studiert hat, verdient tendenziell mehr als jemand ohne Schulabschluss), sondern nur nach »Korrelationen« gesucht wird. Das bedeutet, man errechnet einfach nur, dass Faktor A mit Faktor B zusammenhängt, kümmert sich aber nicht mehr um die Frage, warum das so ist. Das ist natürlich viel einfacher und effektiver, als sich kompliziert zu überlegen, welche Zusammenhänge bestehen könnten.

So ist es auch vollkommen korrekt, wenn festgestellt wird, dass Schwarze in den USA ein höheres HIV Risiko haben, Kinder von Migranten schlechter in der Schule sind und Frauen in gewissen Uni Studien besser abschneiden. Das bedeutet aber nicht, dass alle Migranten doofer und alle Frauen intelligenter wären oder mehr Pigmente in der Haut HIV Infektionen begünstigen. Für all diese Zusammenhänge gibt es irgendwelche, oft sehr komplexe Ursachen, also Kausalitäten im Hintergrund, die an hunderten Faktoren in unserer Gesellschaft liegen. Diese Kausalitäten werden bei der reinen Betrachtung von Korrelationen ausgeblendet.

Das ist natürlich kein unmittelbares Problem von Big Data. Wir Menschen tun das auch. Wir sind leider oft nicht in der Lage oder einfach zu faul, um die wahren Zusammenhänge zu erforschen und zu erkennen. Wir haben aber gleichzeitig einen inneren Drang, Zusammenhänge als Kausalitäten zu sehen und nicht als Korrelationen. Wir wollen einfache Erklärungen, auch wenn wir keine haben.

Was Menschen betrifft, sollten wir aber inzwischen wissen, dass Korrelationen nicht der Königsweg sind. Nicht alle Menschen einer Gruppe sind gleich, auch wenn vielleicht gewisse Faktoren mit der Zugehörigkeit zu einer Gruppe korrelieren. Diese Unterstellung, dass jemand »eh so wie alle anderen einer Gruppe« ist, nennen wir daher heute schlichtweg Diskriminierung. Wenn Sie einem Schwarzen sagen: »Du bist arm, weil viele Schwarze arm sind«, ist das für viele Menschen offensichtlich. Wenn Sie aber Frauen eine billigere Versicherung anbieten, weil die Gruppe »männlich« generell mehr Kosten verursacht, dann ist das schon weniger offensichtlich. Es ist aber nichts anderes: Weil viele Männer für eine Versicherung teurer sind, soll ich ebenfalls mehr zahlen. Wie komme ich aber dazu, nur weil meine Geschlechtsgenossen mehr Unfälle bauen oder eher ungesund leben, wenn ich das genaue Gegenteil bin? Das ist nichts anderes als eine geschlechtsbasierte Gruppenhaftung. Die EU unterband diese Form der Diskriminierung aufgrund eines X- oder Y-Chromosoms mit »Unisex Versicherungen«. Eigentlich nur logisch, trotzdem eine große Diskussion und ein Dammbruch in vielen Ländern.

In den USA ist es weiter vollkommen normal, dass der Tarif Ihrer Autoversicherung je nach Automarke, Autotyp, Alter, Bildung, Wohnort, Geschlecht und unzähligen anderen Faktoren berechnet wird. Nur die Hautfarbe wird noch nicht herangezogen, das wäre dann wohl politisch inkorrekt.

Wenn Sie dann, so wie ich, einen ausländischen Führerschein haben, den Sie nach unzähligen Fahrstunden und Kursen langwierig erworben haben, müssen Sie trotzdem deutlich mehr zahlen, als jemand der einen US-Führerschein hat, den man auch in 30 Minuten bekommt. Ich wurde als Ausländer einfach in einen Topf mit Leuten geworfen, die für ein Kilo Kaffee Ihren Führerschein in irgendeinem Entwicklungsland bekommen haben. Das ist eine der Unschärfen in der Praxis. Pech.

Bei massenhafter Datenverarbeitung und Analyse zahlt es sich einfach nicht aus, auf den Einzelfall einzugehen. Das ist wie beim Tontaubenschießen. Wenn Sie nur wenige Schüsse haben und nur wenige Tontauben, dann konzentrieren Sie sich auf die eine Tontaube und zielen genau. So war das in unserer kleinen analogen Welt. Wenn Sie aber 100 Gewehre haben, die pro Sekunde 1.000 Schüsse abgeben und Sie müssen 10.000 Tontauben treffen, dann drücken Sie einfach nur drauf. Durch die Masse an Schüssen und Objekten treffen Sie im Großen und Ganzen schon irgendwas, solange Sie generell in die richtige Richtung zielen.

Ähnlich passiert das auch in vielen neuen Systemen zur massenhaften Datenauswertung. Die paar Schuss, die danebengehen, sind einfach nur eine Fehlerquote. Dabei fällt auch die Individualität des einzelnen Menschen unter den Bereich Fehlerquote. Bleibt nur abzuwarten, ob durch noch mehr Daten und noch mehr Analysen dieser Daten die Auflösung höher und die Fehlerquoten kleiner werden. Eine paradoxe Hoffnung.

Ein weiteres Problem bei vielen der Phänomene, die als Big Data bezeichnet werden, ist, dass Sie in den meisten Fällen gar nicht nachvollziehen können, welche Faktoren in welchem Verhältnis bei einer solchen Analyse eine Rolle spielen. Nicht mal die Techniker, die diese Systeme erstellen, können das immer genau erklären. Ihnen reicht es oft, dass das System am Ende ein möglichst gutes Ergebnis bringt. Man probiert einfach verschiedene Versionen und vergleicht die Ergebnisse (»trial and error«). Die Version mit dem besten Ergebnis wird genommen. Details zu erforschen wäre auch wieder sinnlos investiertes Geld.

Noch einen großen Schritt weiter in unsere intimen Informationen geht es, wenn aus den bestehenden Daten nicht nur neue Daten generiert werden, sondern auch noch unser zukünftiges Verhalten hochgerechnet werden kann. Das hört sich jetzt für Sie vielleicht etwas absurd, futuristisch und nach dem Film »Minority Report« an, ist aber heute schon in vielen Bereichen Realität.

Ein Kreditranking ist nichts anderes als eine Wahrscheinlichkeit, dass Sie zukünftig Ihre Rechnungen zahlen. Errechnet wird das, je nach Kreditbüro, aus Ihrem bisherigen Verhalten und dem Vergleich mit dem Verhalten anderer Menschen, die Ihnen ähnlich sind. Die Prognosen sind so gut, dass Unternehmen durchaus viel für diese Informationen bezahlen.

Auch die Idee, Zukunftsvoraussagen mit unglaublich großen Datenmengen zu machen, ist nicht wirklich neu. Denken Sie an den Wetterbericht. Hier werden schon lange Milliarden Datenpunkte von

Messstationen auf der ganzen Welt verrechnet und am Ende kommt das Wetter der nächsten Stunden oder der nächsten zwei Wochen auf ein paar Kilometer genau raus. Das Ganze funktioniert auch mit einer sehr hohen Trefferwahrscheinlichkeit. Mit der immer billigeren Rechenleistung zogen solche Systeme auch bereits in anderen Bereichen, wie der Naturwissenschaft oder im Börsenhandel, ein.

Problematisch wird es für Sie, wenn nicht mehr das Wetter, Aktienkurse oder irgendwelche Objekte mit Milliarden Datenpunkten erfasst und dann analysiert werden, sondern Sie das Objekt der Berechnung werden. Wenn die Kosten für solche Analysen immer billiger werden und die Daten immer umfangreicher und genauer, so ist es nicht unwahrscheinlich, dass genau das die Zukunft ist. Die Messpunkte gibt es heute schon, und sie liefern jetzt schon Unmengen an Daten: Ihre Klicks, Ihre Suchanfragen, Ihre Handydaten und die Daten der vernetzten Geräte, die Sie täglich verwenden. Anreichern kann man das immer noch mit Daten von Datenhändlern oder anderen Personen. Aus all diesen kleinen Informationen wird Ihre persönliche Großwetterlage errechnet. Was Sie denken werden, was Sie zukünftig wollen könnten, wer Sie zukünftig sein werden. Dabei lassen sich Dinge vorhersagen, die Sie selbst noch gar nicht wissen. Weil das immer leichter und billiger wird, werden das auch immer mehr Unternehmen oder Staaten anwenden. Dass Unternehmen unser Kaufverhalten analysieren und uns dann gezielt sagen, was uns sonst noch interessieren könnte, ist heute schon Realität – vor allem im Netz. Ein extremeres Beispiel sind Systeme, die in den USA ausrechnen, ob ein Straftäter rückfällig werden könnte, was in die Bewährungsentscheidung einfließt. Andere Systeme berechnen Orte, an denen nach den neuesten Daten vermehrt Straftaten auftreten werden, die Polizeikräfte patrouillieren dort präventiv und kontrollieren vermehrt Leute. In den USA werden Verbrechensrückgänge von bis zu 30% kolportiert. Was vor 10 Jahren also noch Science-Fiction war, ist heute schon zu einem gewissen Grad real.

Nicht alle theoretisch möglichen Prognosesysteme werden uns morgen in der Realität beschäftigen. Wenn Sie aber an die Verbrechensbekämpfung denken, ist sowas wie in »Minority Report« nicht mal so absurd: IT-Systeme können heute schon mit einer respektablen Trefferwahrscheinlichkeit unser Verhalten berechnen und damit unter Umständen auch Verdachtsmomente gegen einzelne Personen liefern. Diese Systeme werden auch immer weiter verbessert. Wenn sie gut genug funktioniert, kann eine solche Analyse durchaus einen ernstzunehmenden Verdacht darstellen, dass jemand etwas getan hat oder zukünftig tun wird.

Genau so ein begründeter Verdacht oder ähnliche Ansatzpunkte sind in demokratischen Ländern üblicherweise die Basis, um Maßnahmen gegenüber den einzelnen Bürgern zu erlauben (zum Beispiel Hausdurchsuchungen, Identitätsfeststellungen, DNA Tests oder der Ausspruch von Wohnungsverboten gegenüber potentiell gewalttätigen Ehemännern). Solche Maßnahmen werden heute schon gesetzt um in der Folge überhaupt feststellen zu können, ob jemand tatsächlich ein Täter ist oder um zukünftige Gefahren zu vermeiden. Heute braucht man dazu einen begründeten Verdacht, also einen analogen Anhaltspunkt.

Wenn die Recherche eines Polizisten, eine Meldung bei der Polizei oder der Tipp eines Hinweisgebers als Verdachtsmoment für solche Maßnahmen ausreichen, warum soll dann nicht auch eine zu 95% korrekte Computerprognose so ein begründeter Verdacht sein? Im Kern ist eine Big Data-Analyse ja auch nichts anderes als das, was die Polizei heute schon tut. Man sucht Informationen, kombiniert diese, vergleicht sie mit Erfahrungswerten und zieht seine Schlüsse in vielen Fällen auch im Hinblick auf zukünftige Entwicklungen. Der Unterschied ist nur, dass man das mit Hilfe der Technologie noch viel umfangreicher, genauer und flächendeckender machen kann. Ein permanentes Analysesystem könnte also eine richtiggehende Verdachts-Fabrik werden und permanent Tipps über Aktuelles und

Zukünftiges absondern. Der Überwachungsdruck würde damit um ein Vielfaches steigen, die Aufklärungsraten aber eventuell auch.

Was wir heute schon sehen, sind erste Ansätze einer solchen Entwicklung in einzelnen Bereichen, oder zumindest, dass die Technologie dafür Einzug hält. Wenn es aber billig genug ist, betrifft die digitale Glaskugel dann nicht mehr nur potentielle Straftäter, Häftlinge oder Ihre Zahlungsmoral, sondern einen Großteil Ihres täglichen Lebens. Sie werden klassifiziert und abgestempelt, bevor Sie selbst noch eine Entscheidung getroffen haben. Alles andere wäre auch unlogisch. Ein Bauer wartet auch nicht, bis es wirklich regnet und gibt dem Wetter damit eine zweite Chance, wenn der Wetterbericht eindeutig und üblicherweise korrekt ist. Warum sollten Unternehmen oder der Staat Ihnen gegenüber anders handeln?

Auf einer moralischen Ebene sieht es aber ganz anders aus: Ihr freier Wille wird von diesen Prognosen einfach negiert. Der freie Wille, die Unberechenbarkeit des Menschen ist nach dieser Logik nur eine Fehlerquote. Der Mensch ist in einer solchen Zukunft generell ein berechenbares Ding und kein freies Wesen mehr.

Das ist natürlich ein ethisch und philosophisch höchst problematisches Minenfeld: Wie frei sind Ihre Entscheidungen überhaupt? Hat der Mensch eigentlich einen wirklich freien Willen, so wie wir uns das landläufig vorstellen? Sind wir nicht alle irgendwie Sklaven von Logik, berechenbaren biologischen Abläufen in unserem Gehirn, unserer Erziehung oder Sozialisation? Bildet eine digitale Prognose dann nur unsere freien Gedanken ab oder unsere inneren Zwänge?

Wie viel Macht haben Einrichtungen und Experten, die das berechnen können? Sollen Private das überhaupt dürfen? Soll der Staat das dürfen? Wer kontrolliert das? Wollen wir, dass irgendjemand so viel Macht hat? Wollen wir, dass jemand in unser Hirn blickt und berechnen kann, was darin vermutlich zukünftig passieren wird?

Was passiert, wenn der Algorithmus falsch liegt? Wer haftet für eine Fehlprognose? Wie kann eine Fehlprognose überhaupt bewiesen werden, wenn schon wegen der Prognose eine mögliche Tat, ein Vertrag oder ein Kredit nie zustande kommt? Trifft dann nicht der Algorithmus schon vorab eine Entscheidung, die im Einzelfall faktisch nicht mehr als die falsche enttarnt werden kann?

Konkret bei Straftaten: Wenn ein Computer vorab mit hoher Wahrscheinlichkeit berechnen kann, dass jemand eine Straftat begehen wird, müssten wir dann nicht schon aus moralischen Gründen präventiv eingreifen und die Tat verhindern? Hat der Täter dann aber noch eine persönliche Schuld, wenn wir doch schon vorab berechnen konnten, dass er sich so entscheidet und insofern die Entscheidung gar nicht frei, sondern irgendwie vorgezeichnet war? Würde ein Eingriff nicht die berechnete Zukunft verändern und damit die Prognose irrelevant werden lassen? Ist ein Täter nicht genauso schuldig, wenn er nur versucht, eine Tat zu begehen aber durch einen Eingriff von außen abgehalten wurde? Muss man diese Täter dann wegen der versuchten Tatbegehung einsperren?

Was ist gleichzeitig mit den braven Bürgern? Wenn ein Verbrechen zu 99% aufgedeckt oder verhindert wird, dann wäre es einfach nur noch dumm, ein solches zu begehen. Wenn Sie in einer solchen Welt dann vor der Entscheidung zwischen einem richtigen und einem verwerflichen Verhalten stehen, sind Sie de facto gezwungen, richtig zu handeln. Vernichten wir damit nicht auch die Möglichkeit, zwischen Gut und Böse frei zu entscheiden und damit unsere persönliche Verantwortung? Wie kann ich mich noch aus Überzeugung ethisch korrekt verhalten, wenn ich de facto keine andere Möglichkeit habe? Verkümmert unsere Ethik dann mangels eines praktischen Anwendungsbereichs? Wo ist die Balance zwischen einer hohen Aufklärungsquote und der Freiheit, sich zwischen Gut und Böse zu entscheiden? Ist das Problem der Kriminalität wirklich gelöst, wenn man sie einfach unterdrückt?

Begreifen wir uns in einer Welt, in der die Analysen und Prognosen unseres Verhaltens überhand nehmen, überhaupt noch als Individuum oder nur noch als Teil einer berechenbaren Masse, ohne Anspruch auf relevante individuelle Abweichungen? Machen wir uns in einem solchen System nicht zu einem total willenlosen und berechenbaren Objekt? Ist das alles noch ethisch tragbar und mit der Würde des einzelnen Menschen vereinbar?

Fühlen Sie sich hier etwas wie bei den theoretischen Fragen aus diversen fiktionalen Filmen? Ja? Ich mich auch! Aber genau diese Fragen, und viele andere mehr, diskutieren Experten schon heute ganz ernsthaft. So extrem abgehoben sind diese Überlegungen auch nicht, denn viele der aktuellen Entwicklungen führen genau in diese Zukunft. Viele Elemente dieser Zukunft existieren heute schon und werden in Teilen auch bereits eingesetzt. Diese technische Entwicklung lässt sich auch mit einer gewissen Sicherheit fortschreiben. Die Grenze wird daher keine technische, sondern maximal eine gesellschaftspolitische sein.

8. Computer says »No«

Haben Sie schon mal die Fernsehserie »Little Britain« gesehen? Diese etwas skurrile Ausformung von britischem Humor hat eine für uns recht spannende Szene, die regelmäßig wiederholt wird: Eine Sachbearbeiterin namens Carol arbeitet in einer Bank und sitzt hinter ihrem Computer. Menschen kommen zu ihr, die dringend einen Kredit brauchen. Sie tippt kurz auf ihrer Tastatur herum, sieht die Kunden fadisiert an und verkündet: »Computer says No«.

Jede weitere Diskussion erübrigt sich. Der Computer hat den Traum vom Haus, den dringend nötigen Überbrückungskredit oder den Start einer tollen Geschäftsidee mit einem einfachen Nein zerstört. Carol braucht sich um den Kunden nicht weiter zu kümmern und schiebt die Entscheidung des Computers vor. Keiner weiß, wie es zur Entscheidung kommt, warum man abgewiesen wird und ob man etwas tun kann. Der Computer sagt einfach nein, und Carol muss nicht weiterarbeiten.

Natürlich ist das auf den ersten Blick stark überspitzt, aber in vielen Bereichen läuft es genau so: Irgendwelche intransparenten Systeme errechnen, ob wir etwas bekommen, die Kriterien und auch die Datenbasis dürfen wir nicht wissen. Wir dürfen nur wissen, dass das System nein gesagt hat.

Die Mitarbeiter werden ebenfalls zu Automaten: Sie dürfen nicht mehr selbst entscheiden, sondern nur noch verkünden, was das System ihnen vorgibt. Damit spart man als Unternehmen an der Ausbildung der Angestellten, macht sie möglichst austauschbar und spart Kosten. In den USA ist das besonders ausgeprägt. Hier wird praktisch alles quantifiziert. Kreditscoring, Aufnahme an der Uni oder Terrorgefahr: Für alles gibt es einen Wert. Wenn der Computer entscheidet, dass man in eine gewisse Schublade gehört, ist das Ende der Debatte erreicht: »Computer says No«. Kein Mensch ist mehr verantwortlich, verantwortlich ist das System, und dieses entscheidet autoritär, wie der König das früher tat. Man kann das System nicht hinterfragen, man darf nicht wissen wie es zur Entscheidung kam und man kann schon gar nicht seinen persönlichen Einzelfall erklären. Es entsteht eine schleichende Algorithmusdiktatur.

Die ersten Ansätze haben wir heute schon. Als ich das letzte Mal in die USA geflogen bin, erklärte mir der Mitarbeiter am Check-In, dass auf meiner Karte vier »S« gedruckt sind. Das steht für »Secondary Security Scanning Scheme«. Der Mitarbeiter weiß auch nicht, warum ich auserwählt wurde. Die Markierung SSSS bekommen die Austrian Airlines von den US-Behörden übermittelt. Ich musste jedenfalls zu einer Sonderuntersuchung, in der ich von oben bis unten abgetastet wurde und mein Handgepäck feinsäuberlich neben allen anderen Passagieren ausgebreitet wurde. Die Blicke der anderen Leute waren klar: Was ist denn mit dem los? Zum Glück hatte ich keine Kondome oder ähnliches dabei. Warum der Zirkus? »Computer says SSSS«. Weder der Austrian Airlines Mitarbeiter noch die Sicherheitsleute wissen, warum jemand unter die Räder kommt, das weiß nur der Algorithmus.

Zurück in Wien hatte ich dann noch die Freude, dass ein weiterer Computer einen gelben Rahmen um etwas in meinem Gepäck machte. Also wurde ebenfalls mein ganzes Gepäck von einer Zollwachebeamtin durchsucht.

Zollwache: »Haben Sie Essen mitgenommen?«

Ich: »Nein, wieso?«

Zollwache: »Sicher haben Sie Essen mitgenommen!«

Ich: »Wie kommen Sie darauf?«

Zollwache: »Da ist ein gelber Rahmen am Bildschirm!«

Ich: »Auf was reagiert denn der Computer? Dann kann ich Ihnen vielleicht sagen, was es ist. Essen ist es sicher nicht.«

Zollwache: »Was weiß ich, auf was er reagiert, ich bin Hausfrau!«

Also stand ich da und ließ von der Zollwachebeamtin (die sich selbst nicht als Beamtin, sondern als Hausfrau bezeichnete) mein

Gepäck 15 Minuten lang durchsuchen. Am Ende ohne Erfolg. Warum der ganze Zirkus? »Computer said: Durchsuchen.«

Das sind nur ein paar von hunderten Beispielen, in denen wir unsere Entscheidungen der Software überlassen. Das kann zwar auch seine positiven Seiten haben, so ist es einem Computer zum Beispiel im Prinzip egal, ob Sie weiblich oder männlich, Inländer oder Ausländer sind. Gleichzeitig unterlaufen wir mit der Übertragung von Entscheidungen von Menschen auf Maschinen aber jede Art von persönlicher Verantwortung, die unsere Gesellschaft ausmacht. Ein Algorithmus ist weder moralisch noch faktisch verantwortlich für das, was er tut. Kein Mensch kann nachfragen: Warum? Keiner kann sagen: Aber! Der Algorithmus sagt: Nein. Punkt. Für eine Diskussion, für eine Beschwerde oder für den Sinn dahinter gibt es leider keinen Knopf.

Genau diese Frustration über willkürliche Entscheidungsfindung hat schon Revolutionen ausgelöst. Unberechenbare, intransparente und nicht hinterfragbare Entscheidungen zeichneten bisher vor allem autoritäre Staaten aus. Deswegen haben wir sie abgeschafft und transparente, berechenbare Systeme eingeführt. Vor allem sind Entscheidungsträger heute persönlich verantwortlich für ihr Handeln. Mittels diverser automatisierter Systeme wird aber durch die Hintertüre eventuell auch an diesen Errungenschaften gesägt. Kein Beamter muss mehr erklären, warum jemand besonders gründlich durchsucht wurde und ob es vielleicht reine Willkür war. Der Beamte zeigt einfach auf den Computer.

Natürlich gilt das staatliche Willkürverbot nicht für den Bereich der Privatwirtschaft. Jedes Unternehmen kann frei entscheiden, ob es mit Ihnen Handel treibt oder ob es Sie ausschließt. Sie haben kein Recht, vom Türsteher vor einem Szenelokal zu erfahren, warum Sie nicht gut genug sind um für 20 Euro einen Cocktail zu schlürfen. Wenn Sie ihn lange genug anlächeln, finden Sie es aber vermutlich trotzdem raus. Sie können außerdem heute etwas pokern, sich schön herrichten und auf dicke Hose machen, der Türsteher weiß ja nicht, wer Sie sind. Wenn es am Ende trotzdem nicht funktioniert, ist das auch nicht so schlimm: Sie können ja woanders hingehen und dort Ihr gekränktes Ego aufpeppeln.

Wenn nun aber alle Türsteher nur noch Computer und tendenziell vernetzt sind, dann sieht die Sache anders aus. Erstens weiß der Türsteher, wer Sie sind, was Sie haben und ob Sie würdig sind. Außerdem können Sie Ihren Frust gegenüber einem Computer nicht wirklich ablassen, außer Sie begehen Sachbeschädigung. Schlussendlich sieht es vermutlich bei der nächsten Bar nicht anders aus, weil diese virtuellen Türsteher gleichgeschaltet sind.

Natürlich sind Szeneclubs nur eine Analogie und nicht der reale Anwendungsfall, aber virtuelle Türsteher gibt es schon jetzt. Jede Kreditauskunftei und jede Warnliste ist nichts anderes. An deren Datenbank hängt ein großer Teil aller Algorithmen, die zu Ihnen »No« sagen und die Türe zuschlagen. Warum Sie ein »No« sind, dürfen Sie nicht erfahren. So ist das in einer Algorithmusdiktatur.

9. Risikoverschiebung

Es war bisher das Risiko eines Unternehmers, dass ein Partner insolvent wird oder ein Kunde nicht zahlt. Dafür gibt es eigene Posten in jeder Buchhaltung. Es ist Teil der Kalkulation, dass gewisse Dinge uneinbringlich sind. Man kann auch Vorabkasse verlangen, bekommt dann aber vielleicht weniger Bestellungen. Dieses unternehmerische Risiko muss man nicht eingehen, wenn es zu hoch ist.

Es ist das Risiko eines Einzelhändlers, dass ein paar Kunden (oft aber auch Mitarbeiter) unehrlich sind und immer wieder ein paar Dinge einstecken. Auch dieses Risiko ist ein Posten in jeder Buchhaltung und heißt Schwund. Dieses Risiko nehmen Unternehmen auf sich, wenn sie zum Beispiel auf Selbstbedienung umstellen oder große unpersönliche Einheiten mit »Hire&Fire« Philosophie schaffen. Der kleine Geschäftsmann ums Eck, der selbst im Laden steht, hat vermutlich weniger Probleme mit Ladendieben und klauenden Mitarbeitern. Hier haben die meisten Menschen eine höhere Hemmschwelle, etwas mitgehen zu lassen, als bei einem anonymen, börsennotierten Unternehmen. Aber am Ende ist es immer ein Risiko, das beim Unternehmen liegt.

Genauso ist es das Risiko eines Werbetreibenden, dass niemand seine Werbung sehen und auch niemand sein Produkt kaufen will. Dann muss er eben bessere Produkte oder bessere Werbung machen. Oder er überlegt sich, ob diese Werbung überhaupt notwendig ist oder ob er den Leuten damit nur auf die Nerven geht.

Alle diese Risiken wollen heute gemanagt werden, so wie wir heute alles managen. Das ist an sich nichts Schlechtes. Jedes größere Unternehmen hat ein Risikomanagement, aber auch jeder Kleinbetrieb tut das als ganz normalen Teil der Geschäftstätigkeit.

Das ist aber nicht mehr genug. Man muss Risiken verhindern oder zumindest minimieren und das mit allen Mitteln. In vielen Bereichen passiert genau das auch durch intensive Überwachung,

Analyse und Datensammlung. Was allgemein als Risikomanagement betitelt wird, ist wirtschaftlich oft nichts anderes als eine Risikoverschiebung weg von denen, die diese Risiken traditionell getragen haben, hin zu anderen. Kurz gesagt: Unternehmen können ein Risiko hinnehmen, sich gegen ein Risiko mit einer Versicherung schützen, sie können Sie aber auch bis zur totalen Nacktheit durchleuchten und so ihr Risiko loswerden oder zumindest minimieren.

Wenn wir beispielsweise von »personalisierter Werbung« sprechen, dann geht es wirtschaftlich darum, »Streuverluste« zu minimieren. Streuverluste sind das Risiko, das man für Werbung bezahlt, die keinen interessiert, die keiner ansieht oder die sonst irgendwie verpufft. Wenn ein Unternehmen auf einer populären Webseite Werbung für Strandurlaub in der Türkei schaltet, dann sehen diese Werbung unglaublich viele Besucher. Aber vermutlich wollen 20% nicht fliegen, 30% stehen nicht auf Strandurlaub und 10% wollen nicht in die Türkei. Das Unternehmen hat in diesem Beispiel mindestens 60% Streuverlust. Wenn ein Webnetzwerk nun aber alle Webseitenbesucher überwacht und ihre Interessen erfasst, dann kann man die Werbung auch nur noch jenen 40% zeigen, die potentiell an Strandurlauben in der Türkei interessiert sind. So können Unternehmen das Risiko, den falschen Leuten eine Werbung zu zeigen, minimieren. Den Nutzern wird das als »relevantere Inhalte« verkauft. Dafür müssen diese Unternehmen natürlich ordentlich große Datenmengen sammeln und auswerten und relativ tief in die Privatsphäre der Leser eindringen. Das Risiko des Werbetreibenden verschiebt sich damit zum Webseitenbesucher: Sie müssen mit dem Risiko leben, dass Sie vollkommen gläsern werden, damit der Werbetreibende sein Streurisiko vermindert.

Wenn man mit sogenannten »Konsumentenscores« probiert herauszufinden, wer für ein Unternehmen der ideale Kunde ist (der deckt übrigens oft mit dem doofsten Kunden) ist das auch nur eine Risikoverschiebung. Wenn ein Unternehmen eine Rabattaktion startet, will es damit ja nicht Geld verschenken, sondern Geld machen. Es geht natürlich das Risiko ein, dass es bei einigen Produkten Geld verliert, hofft aber, dass die Kunden im Vorbeigehen insgesamt mehr kaufen. Weiß das Unternehmen jedoch, dass Hans Huber und Erna Bauer bei Rabattaktionen immer nur die Gutscheine einlösen und nicht auch noch den Wochenendeinkauf dazu erledigen (und damit für ein Umsatzplus sorgen), dann bekommen die gute Erna und der nette Hans einfach keinen Gutschein mehr. Risiko minimiert.

Wenn Geschäfte vom Parkplatz bis zum letzten Winkel überwacht werden, dann wird damit versucht, das Risiko von Diebstählen zu senken. Unser Risiko, dass wir beim Nasebohren beobachtet werden, das Risiko der Angestellten, dass die Kameras auch für Leistungsüberwachung missbraucht werden, oder das Risiko, dass wir an der Kasse oder beim Ausgang aufgefordert werden, unsere Taschen einem wildfremden Menschen zu öffnen, steigt hingegen. Wir tragen das Risiko, peinlich berührt am Ausgang zu stehen, wo die Diebstahlsicherung (meist ohne Grund) laut piepst und von allen Leuten angestarrt zu werden – die Unternehmen senken ihr Risiko, damit den Posten Schwund und vermelden höhere Gewinne.

Kreditauskunfteien sind die klassische Version einer Risikoverschiebung durch Informationen. Die größte österreichische Kreditauskunftei ist der Kreditschutzverband. Sein Ziel ist es ausdrücklich, seine Mitglieder vor finanziellem Schaden zu bewahren, wenn Sie nicht zahlen können. Das Risiko will man natürlich nicht haben. Daher gibt es »Blacklists« und Risikoscores, und man sammelt Daten über Unternehmen und Personen. Unternehmen bekommen in Österreich sogar regelmäßig Schreiben, in denen sie gebeten werden, einen finanziellen Striptease hinzulegen. Wenn sie das nicht tun, könnte das zu einer falschen oder schlechteren Bewertung führen, so wird suggeriert. Das Schreiben kommt so selbstverständlich daher, dass ich schon von Geschäftsleuten gefragt wurde, ob sie verpflichtet sind, diese Daten herauszugeben. Am Ende wird das unternehmerische Risiko, dass eine Firma bankrott geht, zu Ihrem Risiko, dass Sie keinen Vertrag bekommen, mehr zahlen müssen oder einfach nur gläsern werden.

Wir sehen also bei vielen Datenanalysen eine Verschiebung von Risiken und Verantwortung vom Unternehmen hin zum Konsumenten. Aus dem Risiko des Unternehmens, dass 2% der Kunden nicht zahlen, wird sukzessive unser Risiko, vielleicht keinen Vertrag zu bekommen, nicht beliefert zu werden oder keinen Kredit zu erhalten. Aus dem Unternehmerrisiko, dass ein Täter nicht gefunden wird, wird unser Risiko, dass wir permanent überwacht oder sogar falsch verdächtigt werden. Wir tragen also am Ende einen großen Teil eines Risikos, das bisher woanders lag.

Bis zu einem gewissen Grad ist das durchaus tolerierbar und eine Veränderung wie viele andere auch, aber wir sollten uns bewusst sein, dass wir hier Nachteile übernehmen, die traditionell ganz woanders lagen. Dass wir diese Risikoverschiebung immer wollen, wage ich zu bezweifeln.

10. Die Menschenwürde

Der Kern der heutigen Datenschutztheorie geht auf die Idee zurück, dass die Menschenwürde es verbietet, den Menschen zum Objekt zu machen. Zu einer durchleuchtbaren, berechenbaren Nummer. Zu einem Zahnrädchen, zu einem ersetzbaren Ding. Das hört sich jetzt extrem hochtrabend an und ist vermutlich keine Erklärung, an die Sie gedacht haben, als Sie letztes Mal auf der Parkbank saßen und über Google sinnierten. Die Achtung der Menschenwürde gehört aber zu den hochwertigsten Konzepten, die Verfassungsschreiber bisher hervorgebracht haben. Was meinen die Juristen, die Verfassungsrechtler und Philosophen also mit dieser »Menschenwürde«, wenn es um Datenschutz geht?

Einerseits geht es um die Quantifizierbarkeit eines Menschen: Ein Computer ist eine Maschine. Er kann Dinge berechnen. Er kann Dinge abbilden und er kann logische Ketten abarbeiten. Das kann er meistens sehr viel besser als wir selbst. Dafür braucht er Daten. Daten, die einen Vorgang abbilden, einen Wert haben und berechenbar sind. Die analoge Welt muss in Zahlen, Vektoren, Bildpunkte oder Zeichen zerlegt, also datifiziert werden, und am Ende wird alles zu einer binären Kette.

Das ist kein Problem, wenn es um Lagerstände, Tickets, Nachrichten und ähnliches geht. Selbst Videos, Bilder und Ton lassen sich in Nullen und Einsen zerlegen. Aber schon hier werden Sie Grenzen finden. Eine Symphonie ist als MP3 mit 128 kbit nicht mehr das Gleiche wie im Konzertsaal. Schon gar nicht vorstellbar ist es, dass ein Computer selbst nach Noten spielt. Die Feinheiten und das Organische eines Orchesters würden jedem Zuhörer sofort abgehen. Diverse Maestros wären tief erzürnt und kein Musikliebhaber würde ins Konzerthaus gehen, wenn dort ein Computer spielen würde. Ebenso wird ein Künstler auch bei der höchsten Auflösung einen großen Unterschied zwischen seinem Ölgemälde und dem Scan des

Gemäldes sehen. Die künstlerische Tiefe des Werks wäre vollkommen verletzt. »Skandal!« würde so mancher Künstler rufen. Wir sehen also: So genial die Digitalisierung bei vielen Dingen ist, gibt es natürliche Grenzen von dem, was berechenbar und in Nullen und Einsen zerhackbar ist.

Das gilt auch für uns Menschen. Ein Mensch ist mehr als Nullen und Einsen. Er ist mehr als eine Zahl, ein Name, sein Klickverhalten und all die anderen Daten, die man über ihn sammeln kann. Werden Menschen nur auf Nummern reduziert, ist das des Menschen nicht würdig. Es ist Ihrer nicht würdig, dass Ihre Zuverlässigkeit mit dem Wert »589« abgestempelt wird. Es ist Ihrer auch nicht würdig, dass Ihre Leistungsfähigkeit auf »7839« und Ihre Bildung auf »2,45« beschränkt wird. Ein Mensch ist eben keine Maschine. Menschen haben keine Plakette am Hirn, auf der die Leistung in Kilowatt, die Volt und die Umdrehungen pro Minute stehen.

Das ist ein extrem hoher und abstrakter philosophischer Anspruch an uns selbst, aber meiner Meinung nach vollkommen richtig. Wenn wir sehen, wie Menschen wie Objekte, wie Nummern behandelt werden, regt sich bei den meisten ein Bauchgefühl, das anzeigt, dass hier etwas falsch ist. Wenn Sie sehen, wie Gefangene mit Nummern statt mit Namen kommandiert werden oder Arbeiter in verrotteten Fabriken im Akkord schuften, dann wissen Sie, wovon ich rede. Das ist unwürdig.

Stellen Sie sich vor, allein in einer Fabrik zu sitzen. Andere Menschen gibt es nicht. Nur Sie, vier weiße Wände, eine Neonröhre und 18 Stunden Arbeit. Sie haben nur eine Personalnummer und bekommen eine Geldleistung je nach Erfolg. In dieser Situation trennt Sie nicht viel von einer Legehenne. Menschen werden zu Maschinen, zu messbaren Objekten. Ihre Individualität und Persönlichkeit wird vollkommen ausgeblendet.

In weniger drastischer Art kennen wir diese Behandlung auch im Alltag. Wenn man nur eine Nummer am Amt, bei Unternehmen oder im Krankenhaus ist. Die Grenzen sind dabei fließend. Nicht jedes Mal, wenn man unfreundlich und unpersönlich angesprochen wird, ist man schon zum Objekt degradiert und in seiner Menschenwürde berührt. Wo die Grenze liegt, ist eine Frage der Verhältnismäßigkeit und damit nicht klar zu beantworten. Was für den einen unmenschlich ist, ist für den anderen nur ein etwas rauer Umgang. Das Konzept der Menschenwürde ist also jedem bekannt, zumindest als emotionales Bauchgefühl, aber nicht immer ganz genau zu definieren.

Leider verbreitet sich die Vorstellung, dass man alles quantifizieren, messen und datifizieren kann, immer mehr. Menschen werden regelmäßig als Kostenfaktoren, Risikofaktoren oder gar Humankapital tituliert und damit wie eine Variable in einer Gleichung behandelt. Wer nicht performed wird aussortiert. Natürlich muss jeder seine Leistung bringen, die Frage ist jedoch, wie weit der Mensch nur noch als Nummer, als Kostenstelle und nicht mehr als Mensch gesehen wird. Wir haben heute jedenfalls einen Datenfetisch. Statt menschlichen Entscheidungen, Augenmaß und Bauchgefühl zählen nur noch Daten, Statistiken, Fakten und Messwerte, in der Hoffnung, der Wahrheit so näher zu kommen.

Wir kennen das aus dem Wirtschaftsleben, wenn es um Unternehmen, Kurse und ähnliches geht. Der gleiche Fetisch breitet sich aber auch bei der Beurteilung von Menschen immer weiter aus.

Hier sind das ideale Beispiel abermals die Kreditauskunfteien. Viele von ihnen machen aus einem Menschen eine einzige Zahl. Die Kreditvergabe wird nicht mehr von einem Sachbearbeiter nach Durchsicht aller relevanten Unterlagen und persönlicher Überzeugung entschieden, sondern von einem Computer. Sie werden vom System zu einer »584« abgestempelt. Das Mindestmaß für Kredite ist aber eine »598«, sagt der Computer. Nächster, bitte!

Kunden werden sowieso in hunderte Kundentypen, Einkommensklassen, Interessenprofile und überhaupt in Stammkunden und Problemkunden zerteilt. Bei einigen Anbietern werden die A-Kunden in der Telefonwarteschleife sofort vorgereiht, wird hingegen anhand Ihrer Telefonnummer erkannt, dass Sie ein C-Kunde sind, warten Sie endlos. Wie lange warten Sie durchschnittlich?

Die Bildung eines jungen Menschen wird mit Numerus Clausus-Werten, Notendurchschnitten oder ECTS Punkten quantifiziert. Jahrelange Bildung in einer vergleichbaren, messbaren und berechenbaren Zahl. Wie wir inzwischen wissen, lassen sich so abstrakte Dinge wie das Wissen oder die Bildung eines Menschen aber nicht genau messen. Wir können generelle Eckpunkte über große Massen festmachen und daraus wertvolle Schlüsse ziehen, aber das Wissen und die Bildung eines Individuums in eine einzige Zahl zu fassen ist praktisch unmöglich.

Aber auch Arbeitnehmer werden nach Produktivität quantifiziert. Wie man bei einer Maschine die Stück pro Minute misst, wird das auch bei einem Menschen gemacht. Wie man bei einem Huhn die Eier pro Woche oder bei einer Kuh die Liter pro Monat messen kann, kann man auch den Umsatz pro Tag bei einem Verkaufsmitarbeiter festhalten. Wer solche Dinge nicht erhebt und seine Mitmenschen nicht datifiziert, gilt unter Umständen selbst als nicht faktenbasiert, veraltet und ineffektiv.

Es gibt aber noch eine andere relevante Ebene: Ihre Daten sind ja am Ende ein Produkt Ihrer Person. Diese Daten werden im Kern aus Ihren Gedanken, Äußerungen und Eigenschaften und damit auch zu einem Teil aus Ihnen als Mensch extrahiert. Sie haben aber vielleicht weder Kontrolle über diesen Prozess, noch bekommen Sie eine Vergütung. Der Mensch wird gewissermaßen zur Melkkuh der Datenindustrie. Wenn Sie aber nicht steuern können wer, wofür und wie viel an Ihrer Zitze nuckelt und Sie nicht entscheiden können, ob Sie das überhaupt wollen, dann sind Sie dem Tier wieder etwas näher als dem Menschen.

Es ist unser nicht würdig, zur Abbaustelle für einen neuen Rohstoff zu werden. Die Früchte unserer Persönlichkeit, unserer

Arbeit, unserer Gedanken und unseres Körpers gehören von Natur aus uns selbst. Das hat eine Reihe von Philosophen schon vor hunderten Jahren festgestellt. So gehört etwa Ihre Arbeitskraft schon von Natur aus Ihnen. Wird sie Ihnen geraubt, so nennen wir das Zwangsarbeit oder Sklaverei. Gleiches gilt für andere Produkte Ihrer Persönlichkeit oder Ihres Körpers. Urheberrecht und Patentrecht schützen Ihre Ideen. Das Recht an Ihrem Bild schützt Sie gegen Raubbau an Ihrem Gesicht durch andere. Ihre sexuelle Integrität ist ganz klar nur Ihnen zugeordnet. Sie kontrollieren diese Rechte, und keiner darf sich daran einfach bedienen. Das Gleiche muss natürlich grundsätzlich auch für Daten und Informationen über Sie gelten. Sie sind ebenso ein Teil oder ein Produkt Ihrer Person.

Eine andere Methode, einen Menschen zum Objekt zu machen, ist neben der Quantifizierung die menschenunwürdige Überwachung: Stellen Sie sich vor, Sie werden irgendwo festgehalten. Sie müssen dringend auf die Toilette, aber die einzige Möglichkeit ist ein Klo, das nicht abgeschirmt vor 100 fremden Leuten steht, mitten im Raum. Wir sind uns vermutlich einig: Ihre Sitzung wäre nicht von Würde geprägt. Wenn man das Gleiche mit einer Kuh machen würde, wäre das kein Problem. Kühe haben meines Wissens kein Bedürfnis, privat ihre Notdurft zu verrichten, aber für einen Menschen wäre eine solche Behandlung würdelos. Der Mensch wird wie ein Tier oder gar wie ein Objekt behandelt, wenn er seine Notdurft nicht privat verrichten kann.

Wir kennen die Bilder aus Guantanamo, aus anderen fragwürdigen Gefängnissen oder ähnlichen Situationen, wo Menschen wie Objekte behandelt und 24 Stunden überwacht werden. Das sollte eigentlich in einer westlichen Demokratie, die Menschenrechte hochhält, keinen Platz haben.

Wenn Sie also als Extremsituation keinen privaten Moment haben und jede noch so persönliche Tätigkeit registriert wird, dann sind Sie nicht mehr frei. Stellen Sie sich vor, jede private Gefühlsregung, jeder Heulkrampf, jede sexuelle Lust, jede emotionale Situation, jede Bewegung, jeder Furz von Ihnen würde aufgezeichnet. Sie wären kein Mensch mehr, sie wären wie eine Laborratte, die mit überall aufgeklebten Sensoren im Versuchslabor dahinvegetiert. Damit Sie sich nicht an den Sensorkabeln in Ihrem Hamsterrad erhängen, würden Sie vermutlich ein paar Drogen bekommen oder irgendwie abgelenkt werden, aber ein Leben, wie wir es uns wünschen, ist das nicht. Würdig ist etwas anderes.

Natürlich reden wir normalerweise heute nicht von der hier angeführten extremen Verletzung der Menschenwürde, aber wir bewegen uns durchaus in die Richtung immer stärkerer Quantifizierung, Benützung des Menschen und permanenter Überwachung. Bevor wir also dem Bereich nahe kommen, in dem wir nur noch eine kleine quantifizierbare, melkbare und total überwachte Ratte im System sind, sollten wir anfangen, uns Gedanken zu machen und zusehen, dass wir unsere Privatsphäre und damit unsere Menschenwürde nicht an der Garderobe abgeben.

Bullshit-Bingo!

An inhaltsleeren und sich endlos wiederholenden Argumenten und Phrasen ist die Datenschutz Debatte wirklich nicht arm. Die Lobbyisten, Politiker und irgendwelche Experten wiederholen sich immer wieder in den gleichen inhaltsleeren Worthülsen, die uns irgendwie einlullen sollen.

Wie für viele Phänomene haben die Amerikaner ein geniales Wort dafür, das alles sagt. Für den Versuch, möglichst kompetent wirkend totalen Blödsinn von sich zu geben und damit alle Gegenargumente im Keim zu ersticken, wurde liebevoll das Verb »bullshitting« kreiert. Auf Deutsch: Man müllt Leute so lange mit Blödsinn voll, bis sie am Ende wirklich glauben, was man sagt, oder einfach entnervt aufgeben.

US-Lobbyisten sind immer etwas überrascht, wenn dieses Konzept in Europa nicht ganz so einfach aufgeht, wie zuhause. Aber je weniger die Zuhörer selbst eine Ahnung haben und je peinlicher den Leuten blöde Fragen sind, desto besser funktioniert bullshitting auch mit den überkritischen Europäern. Im IT-Bereich sind die Karten für Bullshit daher auch in Europa recht gut: Die Zuhörer haben wenig Ahnung und wollen ja bei diesen neuen Dingen auch keine blöden Fragen stellen. Am Ende geht es einem womöglich so wie Angela Merkel, als sie meinte, dass das Internet für uns alle noch Neuland sei, und alle lachen über einen, und es gibt einen neuen Hash-Tag auf Twitter. Da sagt man lieber nichts und lässt den Bullshit gewähren.

Warum aber nun »Bullshit-Bingo«? Ganz einfach: Ein paar Leute bei einer IT-Firma im Silicon Valley hatten es auch satt, sich immer wieder irgendwelche inhaltsleeren Phrasen anzuhören. Sie machten daraus ein Spiel: Jeder schrieb Bullshit-Phrasen auf ein Kärtchen. Jedesmal, wenn jemand bei einem Meeting oder einem Vortrag eine der aufgeschriebenen Bullshit-Phrasen sagte, wurde die gestrichen. Wer alle seine Phrasen von seiner Karte gestrichen hatte, der hatte: Bingo! Wie beim normalen Bingo, wenn Sie alle Zahlen haben.

Datenschutzdebatten sind ein wahres Eldorado für Bullshit-Bingo. Der Blödsinn, der von allen möglichen Seiten mit gespielter, tiefer Überzeugung abgegeben wird, ist kolossal und oft auf den ersten Blick durchaus nicht als Bullshit zu erkennen. Noch schlimmer ist aber die kritiklose Übernahme dieser Argumente durch Medien, Politiker und Entscheidungsträger. Daher lade ich Sie recht herzlich zu einer Runde »Datenschutz-Bullshit-Bingo« ein. Die Spiele mögen beginnen!

11. ... aber die Leute stellen ja alles ins Netz!

Die Zeitungen waren zu Beginn des »Web 2.0« (also jenen Plattformen wie Facebook, YouTube oder Flickr, die primär mit Nutzerdaten gefüllt werden) voll von skurrilen Datenschutz Fällen. Der Boulevard berichtete über Mitarbeiter, die gekündigt wurden, weil ihre Schimpftiraden über den Chef direkt bei eben diesem aufschienen, oder über Leute, die Bilder von ihren betrunkenen Samstagabenden fröhlich verteilten und sich wunderten, warum sie keinen Job bekamen. Man bekam den Eindruck, den Menschen sei jede Art von Privatsphäre vollkommen egal. Wenn jeder jeden Dreck ins Netz stellt, kann Datenschutz ja wohl nicht mehr unser Problem sein, ließe sich daraus schließen. Die Nutzer haben ihre Privatsphäre also praktisch selbst aufgegeben, sie brauchen sie offenbar nicht – so die Theorie.

Nun ist zum Glück zu beobachten, dass sich die anfänglich extrem unbedachte Nutzung des Web 2.0 schon deutlich gebessert hat. Ein schönes Beispiel hierfür ist, dass nach einer Umstellung bei Facebook das Gerücht umging, private Nachrichten der Nutzer würden plötzlich auf den Seiten von Facebook-Nutzern öffentlich einsehbar sein. Sogar die prestigeträchtige Zeitung Le Monde saß diesem Internetgerücht auf und berichtete darüber, dass private Nachrichten auf den Profilseiten auftauchten. In Wirklichkeit waren dies alte und oft sehr private öffentliche Meldungen, die die Nutzer wirklich vor einigen Jahren so offen ins Netz gestellt hatten. Nur wegen einer Design-Umstellung waren die Meldungen nun leichter auffindbar. Weil die User sich heute nicht mehr vorstellen konnten, dass irgendjemand so etwas Privates einfach auf eine Facebook-Seite stellt, schien klar zu sein: Facebook muss schuld sein. In Wirklichkeit waren die Nutzer nur von ihrer eigenen Sorglosigkeit in der Vergangenheit überrascht. Sie haben also ihr Verhalten angepasst und wurden mit der Zeit sensibler und konnten sich gar nicht vorstellen, vor ein paar Jahren noch so nachlässig gewesen zu sein.

Trotzdem gibt es noch immer Nutzer, die Unmengen an persönlichen Daten offen ins Netz stellen. Die meisten von ihnen sind meiner Beobachtung nach aber vor allem süchtig nach menschlicher Zuneigung, ausgedrückt in »Likes«, »Retweets« und Kommentaren. Die Designer dieser Dienste sprechen hier von einer »positiven Nutzererfahrung«. Die Stimmlage erinnert dabei oft an Drogenhändler, die ihre Produktpalette spät nachts vor Clubs ebenfalls gerne mit den positiven Erfahrungen anpreisen. Alles wird warm, schön, und du wirst dich unglaublich geliebt fühlen. Das wollen wir doch alle, oder? Genau das ist das Konzept vieler Online-Dienste. Die Nutzer sollen sich geliebt fühlen. Sie sollen in Watte gepackt und mit positiven Erlebnissen bombardiert werden, soweit das durch einen Bildschirm möglich ist.

Haben Sie sich noch nie gefragt, warum Facebook nur »Likes« aber keine »Dislikes« erlaubt? Pillen, die das Gefühl geben, gehasst zu werden, sind schließlich auch kein Renner. Facebook baut also eine Traumwelt auf, in der alles gut ist. Negative, verstörende oder abweichende Dinge filtert der Algorithmus weg. Ein Besuch auf Facebook, Twitter und Co. soll am besten ein kurzer Glücksrausch sein. Ein kleiner LSD-Trip für zwischendurch, soweit das eine Webseite eben zulässt. Nicht von ungefähr hat Mark Zuckerberg Informatik und Psychologie studiert.

Der Mensch will aber nicht nur geliebt werden, er hat auch einen inhärenten Hunger nach Aufmerksamkeit und Interessensbekundungen. Im Web 2.0 bekommt er genau das. Jeder ist hier ein kleiner Star mit seiner kleinen Fangemeinde. Auch der durchschnittlichste Mensch bekommt die Bestätigung: Ich bin relevant! Wie viel Freunde haben Sie auf Facebook? Wie viele Follower auf Twitter? Wie relevant sind Sie?

Viele Nutzer freuen sich dann auch jedes Mal wie ein kleines Kind, wenn ein kleines rotes Symbol anzeigt, dass sie wieder geliked wurden, einen neuen Freund oder einen Kommentar auf ihr Foto bekommen haben, ihnen wieder jemand auf Twitter folgt, sie retweetet oder ihnen eine Nachricht geschrieben wurde. Auch ich muss zugeben, eine kleine Freude über meine ersten 500 Twitter-Follower empfunden zu haben, musste dann aber zum Glück auch über mich selbst lachen.

Ein weiterer Schlüssel zum Erfolg ist die unmittelbare Belohnung. Der Pawlow'sche Hund lässt grüßen. Bei klassischen Artikeln, Blogs oder E-Mails erhält der Verfasser nur sehr indirekte Rückmeldungen, wenn er überhaupt welche bekommt. Rückmeldungen sind auch oft schwer zu senden. Unsere Eltern mussten überhaupt noch sehnsüchtig auf den Postboten warten, um eine Rückmeldung zu bekommen, und hörten sich in der Zwischenzeit »Please Mister Postman« (je nach Geburtsjahr von den Marvelettes, den Beatles oder den Carpenters) an.

Das Web 2.0 hat positive Rückmeldungen hingegen leicht gemacht und zelebriert diese als Ereignis. Die Sehnsucht nach einem Like ist nicht kleiner geworden, die Hürde ist jedoch extrem gesenkt und die Frequenz extrem erhöht worden. Mit einem Klick kann man eine positive Rückmeldung auslösen. Technisch ist das die Umstellung einer Farbvariablen von ein paar Pixeln vom Code #000000 (weiß) auf #FF0000 (rot). Bei Menschen kann »FF« statt »00« jedoch echte Glücksgefühle auslösen.

Diese unmittelbaren roten Zuckerln, die Aufmerksamkeit, die Zuneigung und die Relevanz im Netz bekommt man aber natürlich nur, wenn man viele Dinge (und damit persönliche Daten) teilt. Was nicht geteilt wird, kann nicht gemocht, bemerkt und geliebt werden. Schweigen scheint im Newsfeed nicht auf. Am Ende gilt: Ich teile, also bin ich.

Im Kampf gegen die Hemmungen mancher Nutzer, Daten zu teilen, setzen viele Unternehmen nun auf diverse Knöpfe und Einstellungen, welche die Privatsphäre schützen sollen. Den Nutzern wird suggeriert, dass sie volle Kontrolle haben. So kann man auf

Facebook Dinge sogar nur »mit sich selbst teilen« oder eben nur mit seinen »Freunden«, also der eigenen Fangemeinde. »Private Nachrichten« suggerieren, dass der User ganz vertraut mit einer anderen Person schreibt. In Wirklichkeit hat man meist noch einen mitlesenden »Freund«: Die Unternehmen, welche die Dienste betreiben. Diese nehmen sich regelmäßig das nichtexistente Recht, alle Inhalte auszuwerten. Eine Einstellung »Senden an: Alle außer Google« oder »Teilen mit: Allen Freunden, außer Facebook und der NSA« gibt es *leider* nicht.

Das stört viele Nutzer auch nicht weiter, denn sie empfinden diese Unternehmen sowieso als Freunde. Durch geschicktes Marketing wird suggeriert, dass man nicht Kunde, sondern Teil einer Bewegung, Teil einer Gemeinschaft ist. Wenn es nach den Unternehmen geht, dann tritt man einem Glaubensbekenntnis bei, wenn man sich für 900 Euro ein neues iPhone kaufen darf. Man wird Teil einer Gemeinschaft, wenn man sich ein Facebook-Profil anlegt, auch wenn diese Gemeinschaft eine Aktiengesellschaft ist, die am NASDAQ notiert. Der Mensch neigt dazu, emotionale Beziehungen zu Dingen und auch Unternehmen aufzubauen. Das wird geschickt ausgenützt. Die Nutzer haben immer öfter eine emotionale Bindung zu ihrem Smartphone oder zu einem Unternehmen. Eine Liebe, die selten erwidert wird, dafür aber die beste Basis für kommerzielle Ausbeutung ist.

Sie können sich vielleicht noch an Tamagotchis erinnern? Kleine hässliche Plastikeier mit einem Display von 32 mal 16 Pixel. Ende der 1990er hatte für kurze Zeit jedes Kind so ein Plastikei. Ein Spielzeug aus Japan, bei dem virtuelle Küken gefüttert und betreut werden mussten. Viele bauten eine absurde emotionale Beziehung zu diesen Dingern auf. Wenn das virtuelle Küken irgendwas wollte, wurde alles andere liegen und stehen gelassen. Permanent musste man nachsehen, ob das Küken nicht gerade im eigenen Dreck stirbt oder verhungert. Starb das Küken irgendwann doch, waren die Besitzer tagelang tief betrübt und von Selbstvorwürfen geplagt. Extrem absurd. Erinnert Sie das aber nicht auch an den Umgang vieler Leute mit ihren Smartphones? Für eine BBC-Dokumentation wurde einmal ein devoter Apple-Fan in einen Hirnscanner geschoben. Als der Proband Bilder von Apple-Produkten gezeigt bekam, reagierte sein Hirn, wie das Hirn tief gläubiger Menschen auf religiöse Objekte reagiert. Da verwundert es nicht, wenn Menschen tagelang vor einem Shop campieren, um die neueste Offenbarung eines Konzerns für absurde Summen kaufen zu dürfen. Am ersten Verkaufstag werden dann euphorisch wie bei Popkonzerten die Shops gestürmt. Alles ist inszeniert. Der Einzug geschieht unter dem Applaus der Shop-Mitarbeiter, die eher den Animatoren aus Ihrem letzten Urlaub gleichen, als Verkäufern. Die Kunden sind glücklich, Teil von etwas Größerem, einer Bewegung zu sein. Bei den Entwicklerkonferenzen von Facebook, Google oder Apple sieht es nicht viel anders aus. Der Messias des Konzerns tritt vor die Weltöffentlichkeit und verkündet die neueste Innovation. Hysterischer Applaus der Zuhörer kommt wie das Amen im Gebet. In den Medien werden schon Monate zuvor ganze Seiten mit Gerüchten gefüllt, wie das neueste Produkt oder ein neuer Dienst genau aussehen wird. Welche Farben? Runde oder kantige Ecken? Wo bekommt man das Ding oder den Dienst als erstes? Ist es auch bei uns erhältlich? Okkulte Euphorie und damit gratis Werbung auf allen Kanälen. In Wirklichkeit aber schon fast ein Fall für die Sektenberatungsstelle.

Für Nutzer, die in diesem Marketingstrudel sind oder zumindest am Rand sitzen und gern mal ihre Zehe hineinhalten, ist es umso unlogischer, diesen Freunden und Gemeinschaften zu misstrauen. Kann ein Handy, das man jeden Abend vorm Schlafengehen liebevoll streichelt, wirklich böse sein?

Natürlich ist das überspitzt ausgedrückt, und die meisten Menschen sind keine total willenlosen Zombies, aber wenn wir unsere Nutzung und unsere Reaktionen überdenken, schwingen genau diese Mechanismen mit, wenn wir »freiwillig« Daten herausgeben.

Jedes IT-Unternehmen hat viele Designer, Techniker und Werbeleute, die mit unzähligen Tests und Auswertungen unsere Reaktionen messen, analysieren und darauf reagieren. Es ist ihre einzige Aufgabe, die Entscheidungen von Konsumenten zu beeinflussen.

Und glauben Sie, Facebook oder Twitter wissen nicht, wie lang Sie online bleiben, nachdem Sie etwas gepostet haben, in der Hoffnung, jemand reagiert darauf? Oder wie oft Sie die Benachrichtigungen neu laden in der Hoffnung, jemand retweetet ihren Beitrag? Natürlich wird genau analysiert, wie man die Nutzer bei der Stange hält, wie man die Webseite so lange anpassen kann, bis die Schafe, also die Nutzer, das tun, was man von ihnen will. Und die Millionenbeträge, die in solche Verbesserungen investiert werden, sind gut investiert, denn am Ende steckt in uns allen zumindest ein kleines Schaf.

Wer nun einwendet, dass einige Leute wirklich wissentlich, unabhängig von diversen tiefenpsychologischen Verführungen und mit vollem Bewusstsein alles online stellen, hat natürlich auch Recht. Diese Leute gibt es. Ich glaube aber, dass sie eine Minderheit sind. Trotzdem ist es natürlich das Recht jedes Menschen, im schönsten Sonnenschein nackt am Hauptplatz zu stehen und ein Selbstporträt davon als Wallpaper seiner Internetseite hinzuzufügen. Aber von diesem Recht kann man nicht darauf schließen, dass alle anderen Menschen kein Recht mehr haben, zur Totalüberwachung nein zu sagen.

Nur weil einige ihre Privatsphäre nicht nutzen oder sogar aufgeben, kann man nicht auf die Abschaffung des Rechts auf Privatsphäre an sich pochen. Nur weil einige eben alles ins Netz stellen, haben nicht andere Leute ihr Recht auf Privatheit automatisch auch aufgegeben. Nach der gleichen Logik könnte man sonst behaupten, dass eine große Spendenbereitschaft der Bevölkerung eine Erosion des Eigentumsrechts zur Folge hat. Nur weil viele Leute ihr Geld einfach verschenken, ist das noch keine Rechtfertigung für Diebstahl. Gleiches muss für den digitalen Diebstahl an unseren Daten gelten: Wir haben keine Kollektivschuld an der Sorglosigkeit anderer Nutzer.

12. Ihr habt doch zugestimmt!

Sehr ähnlich dem kollektiven »Die stellen ja alles ins Netz« Argument ist das individuelle »Du hast ja zugestimmt« Argument. Wie beim Pakt mit dem Teufel haben wir nach der Vorstellung vieler eben mal das Recht an unserer Persönlichkeit und Privatheit »weggeklickt«, wenn wir auf einen Zustimmen-Button drücken.

So ist das eben im Wilden Westen: Selbst schuld! Der Stärkere diktiert die Regeln. Wenn es Ihnen nicht passt, dann können Sie ja mit Ihrem Planwagen weiter westwärts ziehen ...

Zum Glück leben wir eben nicht im Wilden Westen oder in einem rechtsfreien Raum. Der Mensch kann also weder seine Seele verkaufen, noch ein Kind oder sein Leben. Wir erkennen solche Zustimmungen schlichtweg nicht an, weil sie moralisch falsch sind. Ein Unternehmen kann auch nicht in seinen Vertragsbedingungen einen Passus verstecken, in dem ich eben mal mein Haus dem Online Händler überschreibe, wenn ich eigentlich nur Kopfhörer kaufen wollte. Die Juristen nennen das dann je nach Situation unsachlich, sittenwidrig oder finden ein anderes wohlklingendes Wort für total absurd. In einem demokratischen System hat nämlich nicht automatisch der Stärkere recht, auch er muss fair und rechtskonform handeln.

Würden Sie allein die 15 seitige Datenschutzbestimmung von Facebook lesen, bräuchten Sie als schneller Leser mehr als 45 Minuten. Dann kommen noch die Allgemeinen Geschäftsbedingungen (AGB) und diverse andere Dokumente von Facebook dazu, denen Sie mit einem Klick zugestimmt haben.

Als ich Facebook das erste Mal untersucht habe, haben diese Bestimmungen wiederum auf unzählige weitere externe Dokumente verwiesen, denen ich ebenfalls zugestimmt hatte. Diese externen Dokumente waren noch mal mehr als 200 Seiten lang. Sie mussten also schon allein zwei bis drei Abende Lesezeit einplanen, um Facebook wirklich zuzustimmen. Da ist noch nicht eingerechnet, dass kein Mensch die Klauseln beim ersten Lesen versteht. Hinzu kommt, dass sich die Bedingungen oft selbst widersprechen. Wenn Sie dann auch noch all diese Widersprüche auflösen wollten, würden Sie vermutlich Wochen vor dem Zustimmen-Button sitzen. Das ist natürlich kein spezifisches Problem von Facebook. Es gibt Hochrechnungen, dass man mehrere Monat pro Jahr beschäftigt wäre, wenn man alle Verträge und Datenschutzbestimmungen lesen würde, die man in einem Jahr als normaler Konsument unterschreibt. Kein Mensch liest das alles. Nur die Unternehmen wissen, was in diesen Bedingungen drinnen steht, sie müssen ja auch nur ihre eigenen Bedingungen kennen. Die Idee, dass irgendjemand sich in seinen Lesesessel begibt, Wort für Wort alle Bedingungen liest, sich dann überlegt, ob er das wirklich will und dann nach ein paar Stunden eine wohlerwogene, informierte und klare Zustimmung abgibt, ist reine Fiktion.

Ein schönes Beispiel ist der britische Online Shop »Game Station«, der einen Tag lang in seine Bestimmungen reinschrieb, dass jeder, der über den Shop bestellt, seine Seele an den Shop verkauft. Keiner von über 7.500 Kunden beschwerte sich. Dem Online Shop bescherte die Aktion kostenlose Werbung in vielen Medien, und wir haben einen weiteren schönen Beweis, dass AGBs nichts mit dem Willen und der Zustimmung der Nutzer zu tun haben.

Dieser AGB-Wahnsinn ist in der Realität nur deswegen tragbar, weil es in Europa extrem starke Einschränkungen gibt, was überhaupt in AGBs stehen darf. Die Bedingungen dürfen nicht grob benachteiligend sein, sie müssen fair sein, müssen klar, transparent und verständlich geschrieben sein, und der Inhalt darf für den Kunden auch nicht unerwartet sein. Sittenwidrige Klauseln sind sowieso verboten. Zusätzlich gibt es ganze Listen von Klauseln, die per se nicht erlaubt sind. Wenn es die Unternehmen übertreiben, wird sogar eine Klausel komplett unwirksam, selbst wenn sie zumindest teilweise legal gewesen wäre. Mit all diesen Maßnahmen sind die Auswüchse des Kleingedruckten etwas erträglicher. Als Kunde hat man eine gute Chance, dass absurde oder nachteilige Klauseln oft nicht wirksam sind. Die Kunden von »Game Station« können also beruhigt schlafen gehen.

Wenn wir nun aber einen Blick in die USA werfen, müssen wir feststellen, dass dort kein derart offensiver Kampf gegen das Kleingedruckte geführt wird. Als ich in Kalifornien lebte und die Bedingungen für mein lokales Bankkonto bekam, in Form eines kleinen Büchleins mit über 50 Seiten, kam ich aus dem Grinsen nicht heraus: Nicht nur, dass alle Gebühren jederzeit geändert werden konnten, diese waren auch nicht verbindlich. Die Bank kann also sagen, etwas kostet 5 Dollar, aber dann trotzdem verrechnen, was sie will. Noch schöner waren Klauseln, wonach die Bank jederzeit mein Geld einfrieren, einbehalten oder sich einverleiben konnte.

Zuerst dachte ich mir noch: klassisch amerikanisch. Man sichert sich einfach gegen alles ab und räumt sich pauschal Rechte ein, die man dann ohnehin nicht nützt. Als dann aber meine Überweisung aus Europa plötzlich das Fünffache einer ohnehin hohen Gebühr kostete, wurde mir klar: Die meinen das ernst. Für eine zuvor als kostenlos angepriesene Auszahlung wurden dann auch gleich mal 20 Dollar fällig. Ich löste als empörter und aktionistischer Europäer sofort mein Konto auf, was zum Schrecken meiner US-Freunde bedeutete, mit mehreren Tausend Dollar in bar durch die Lande zu ziehen. Ein Vergnügen, das in den USA sonst eher ein Privileg von Drogenbaronen ist. Mehr als ein paar Zwanzig-Dollar-Scheine sieht eine US-Brieftasche ja selten, alles läuft per Karte oder Scheck.

Ähnlich verwundert, nur unter anderen Vorzeichen, reagierte, zurück in Wien, auch ein US-Filmteam, das eine Dokumentation über den US-Klauselwahn im Internet machte und mich dafür interviewte. Als ich im Interview erklärte, dass in der EU sittenwidrige Klauseln einfach nicht gelten, waren sie extrem verwundert. Die Idee, dass etwas gegen allgemein anerkannte Sitten verstößt und daher einfach nicht gilt, war für den Interviewer revolutionär. Er meinte, dass die Worte »Moral« oder »Sitte« in den USA nur noch eine Domäne der extremen Christen wären. In vielen alltäglichen Bereichen sei klar, dass Moral und Ethik rein eine Sache des Individuums wären, diese Begriffe aber de facto in der Wirtschaft keinen Platz hätten. Daher kann auch jeder tun und lassen, was er will, und seine Macht entsprechend einsetzen, ohne dass irgendwelche Sitten oder Moralvorstellungen sein Handeln beschränken könnten. So pessimistisch würde ich die Lage in den USA nicht beschreiben, aber der Ansatz ist durchaus nicht unrichtig.

Schauen wir uns einfach mal die Klauseln bei Facebook an: Hier finden Sie auf gut 15 Seiten eigentlich nur Generalklauseln wie »Wir erhalten verschiedene Informationen über dich.« Danach kommen immer nur Beispiele, die sich zwar nett anhören, aber rechtlich irrelevant sind. Die Beispiele schränken nicht ein, sie erweitern maximal die Generalklausel. So kann Facebook mit diesem einen Satz de facto jegliche Daten von jeder Quelle in der Welt sammeln. Es ist eine totale Blankozustimmung.

Wenn Sie nun wissen wollen, was Facebook eigentlich selbst mit Ihren Daten macht, finden Sie abermals nur eine Generalklausel: »Wir verwenden die uns bereitgestellten Informationen über dich im Zusammenhang mit den Dienstleistungen und Funktionen, die wir dir und anderen Nutzern (wie zum Beispiel deinen Freunden, unseren Partnern, den Werbetreibenden, die Werbeanzeigen auf Facebook buchen, sowie den Entwicklern der von dir genutzten Spiele, Apps und Webseiten) anbieten.«

Die Daten dürfen also nur im Zusammenhang mit den Dienstleistungen und Funktionen, die Facebook anbietet, verwendet werden. Das hört sich erst mal gut an. In Wirklichkeit bedeutet es aber umgekehrt, dass praktisch nichts verboten ist: Alles was Facebook am Ende mit Ihren Daten tun könnte, sind Dienstleistungen und Funktionen.

Die Daten müssen für diese Dienstleistungen und Funktionen auch gar nicht nötig sein, sie müssen damit nur im Zusammenhang stehen. Alles, was man jedoch irgendwie für irgendwas verwendet, steht damit auch im Zusammenhang.

Wenn Facebook also Ihre gesamten privaten Daten oder Nachrichten öffentlich ins Netz stellt und das zum Beispiel »OpenFacebook« nennt, dann haben Sie dem zugestimmt. Denn das wäre eine Funktion, die Facebook Ihnen und anderen Nutzern anbietet. Wenn Facebook morgen anfängt, die Finanzkraft seiner Nutzer zu errechnen, um die Informationen an den Höchstbieter zu verkaufen, wäre das eine Verarbeitung im Zusammenhang mit einer Dienstleistung, die sie einigen Partnern anbieten, und damit von Ihrer Zustimmung umfasst. Wenn Facebook plötzlich auch auf anderen Webseiten Werbung anbietet, dann wäre das so eine neue Dienstleistung. Wenn Facebook morgen Ihre Daten an den KGB verkauft, wäre das wohl ebenfalls eine Dienstleistung, die einem Partner angeboten wurde. Insofern haben wir vermutlich alle der massenhaften Weitergabe unserer Daten an die NSA zugestimmt, die NSA ist wohl nach der Idee von Facebook auch nur ein Partner, dem man eine Funktion namens PRISM bereitgestellt hat. Der Wortlaut der Bestimmungen würde das jedenfalls umfassen.

Solche Bestimmungen sind natürlich vollkommen lächerlich. Die Juristen würden das wiederum sittenwidrig oder unsachlich nennen. Jedenfalls ist sowas in Europa ungültig, weil es keine informierte, spezifische und eindeutige Zustimmung ist. Jeder erstsemestrige Jus Student wäre in der Lage, das rot anzustreichen.

Warum verwendet dann die Facebook-Tochterfirma in Irland, unter europäischem Recht gegenüber europäischen Konsumenten solche Bedingungen? Die einzige Antwort, die ich kenne: Sie wussten es nicht besser, nahmen einfach den US-Vertrag und übersetzten ihn in diverse Sprachen. Dass in Europa andere Regeln gelten, kam wohl keinem in den Sinn und wenn doch, dann nahm man es nicht ernst.

Inzwischen haben schon einige Gerichte in mehreren Verfahren festgestellt, dass die Bedingungen von Facebook in diversen Punkten ungültig sind. Facebook änderte jedoch immer nur das minimal Nötige und ersetzte es meist mit ähnlich absurden Klauseln. Geändert hat sich, trotz Verurteilungen, wenig. Die zuständige irische Datenschutzbehörde fand zwar, dass die Bedingungen aus 2011 verbessert werden könnten, das Ergebnis dieser Verschlimmbesserung haben Sie aber auf den vorigen Seiten gelesen. Alter Wein in neuen Schläuchen.

In der Realität fehlte also die Konsequenz, und Facebook kann in der Öffentlichkeit weiter so tun, als ob alle zugestimmt haben – genau so, wie es die meisten großen IT-Konzerne tun. Denn Facebook ist zwar ein nettes Beispiel, aber auch die Bedingungen von Google, Microsoft, Apple und hunderten anderen Konzernen sind um nichts besser.

Als wäre dieser Klauselkrieg nicht schon lächerlich genug, trat Facebook in der Praxis mit noch bizarreren Ansichten hervor. So erklärte mir ein Facebook-Vertreter, dass Nutzer aktiv widersprechen müssten, sonst sei im Nichtstun eine eindeutige Zustimmung zu sehen. Das heißt, nach Ansicht von Facebook müssten Sie in der Praxis jeden Tag Millionen Unternehmen weltweit kontaktieren und sagen, dass Sie nicht wollen, dass Ihre Daten verwendet werden, sonst haben Sie eindeutig zugestimmt. Viel Spaß beim Briefeschreiben, denn natürlich haben diese Unternehmen alle keine funktionierende E-Mail-Adresse in ihrem Impressum, die Impressumspflicht gilt ja auch nur für andere.

Überhaupt an Irrwitz nicht mehr zu überbieten war dann aber folgendes: Auch wenn Sie überhaupt kein Facebook-Konto haben, darf Facebook nach deren eigener Meinung Ihre Daten sammeln und auswerten. Facebook fragt einfach alle anderen Nutzer nach Ihren Daten: »Lade dein Adressbuch hoch«, »Synchronisiere dein Handy mit Facebook«, »Synchronisiere dein E-Mail Koto mit Facebook«

oder »Lade deine Freunde zu Facebook ein«. Endlose Aufforderungen springen den Nutzern entgegen. Das Ziel ist einfach: Sie wollen auch die Daten von Leuten, die nicht auf Facebook sind. Einerseits wissen sie dann noch mehr über noch mehr Menschen, andererseits können sie diese dann auch mit E-Mails und Einladungen bombardieren. Diese Einladungen haben dann auch noch relativ betrügerische Formulierungen. »Dein Freund X will seine Fotos mit dir teilen«, heißt es in diesen E-Mails, auch wenn der besagte Freund nicht mal Fotos auf Facebook eingestellt hat und auch nie die Intention hatte, diese nichtexistenten Fotos mit Ihnen persönlich zu teilen. Der Facebook-Verweigerer bekommt den Eindruck, er ignoriert etwas, das dieser Freund ihm persönlich zugeschickt hat. Also sieht er es sich an, weil alles andere unhöflich wäre, und schon hat Facebook wieder einen neuen Nutzer.

Wenn man Facebook nun fragt, wie es erlaubt sein kann, dass sie einfach Daten von Nichtnutzern sammeln, die nie auch nur die Seite von Facebook aufgerufen, geschweige denn irgendeine Zustimmung gegeben haben, dann gibt es folgende Erklärung: Eine »Zustimmung durch Dritte«. Nein, das ist kein schlechter Scherz eines Kabarettisten, das war die offizielle Erklärung von Facebook. Das Ganze findet sich auch immer wieder in den Datenschutzbestimmungen oder bei den Hinweisen für die Synchronisation der Adressbücher mit Facebook: »Bitte stelle sicher, dass deine Freunde mit der Nutzung ihrer Daten einverstanden sind« steht dort. Natürlich hat uns noch nie jemand angerufen und gefragt: »Du, ich lade gerade deine Daten auf Facebook rauf, ist das eh okay für dich?« Das ist in der Welt der IT-Konzerne aber kein Problem: Jeder, der von uns irgendwie Daten bekommen hat, kann einfach einer Nutzung zustimmen. Die betroffene Person zu fragen, wie vom Gesetz vorgesehen, ist den Leuten bei diesen Konzernen zu aufwendig.

Sie ahnen, was das bedeutet: Jeder Mensch soll laut Facebook berechtigt sein, rechtsverbindlich Ihre Daten an jeden anderen weiterzugeben. Die Unternehmen haben dann die Zustimmung bekommen, mit Ihren Daten alles zu tun was sie wollen, nur eben nicht von Ihnen. Einschränkungen gibt es keine. Jeder Typ aus dem letzten Winkel des Internets kann alle Ihre Daten einfach nehmen und in Facebook reinfüttern. Nach dieser Theorie wäre auch Mark Zuckerberg so ein Typ aus dem letzten Eck des Internets und könnte einfach zustimmen, dass mit Ihren Daten gemacht wird, was er will. An diesem Punkt trifft die Realität mit der Theorie auch wirklich zusammen. Vermutlich werden die meisten Daten auf der Grundlage einer Entscheidung des Chefs und nicht der Nutzer verarbeitet. Meiner Beobachtung nach waren die Vertreter von Facebook nicht mal betrunken oder bekifft, geschweige denn betreten, als sie diese irrwitzige »Zustimmung durch Dritte« behaupteten. In der Realität reicht diesen Leuten auch ein noch so absurdes Argument, um ihre Machenschaften zu rechtfertigen. Bullshitting in der Hardcore-Variante.

In welchem Geisteszustand die Mitarbeiter der zuständigen irischen Datenschutzbehörde waren, als sie die »Zustimmung durch Dritte« akzeptiert haben, ist leider nicht überliefert, aber zurechnungsfähig können die Verantwortlichen dort nicht gewesen sein. Das macht aber auch nichts. Der damals verantwortliche irische Beamte bekam bald darauf sogar einen neuen Job: Er wurde »Chief Privacy Officer« bei Apple. Ja, Apple hat seinen internationalen Hauptsitz auch zufällig in Irland und wird daher auch von dieser Datenschutzbehörde kontrolliert. Da kauft sich Apple doch mal schnell die Beamten weg. Luck of the Irish. Da macht man doch gleich noch ein weiteres Fass Guinness auf, zur Feier des Tages.

Wenn Ihnen also noch ein Mal irgendjemand erklärt, dass wir all dem zugestimmt haben und daher selbst schuld sind, nehmen Sie einen nassen Fetzen und jagen Sie ihn bei der Tür hinaus.

Weder sind die meisten dieser Bestimmungen gültig, noch haben wir den extremen Auswüchsen dieser Vorgänge jemals wissentlich zugestimmt. Wenn es gut geht, dann haben wir überhaupt nichts getan, sondern irgendein Konzern-Jurist hat einfach beschlossen, dass ein unbekannter Nutzer aus den Weiten des Internets uns die Entscheidung abgenommen und für uns zugestimmt hat.

Sollten Sie sich angesichts der Dreistigkeit dieser Vorgänge nicht ganz unter Kontrolle haben und mit dem nassen Fetzen etwas zu heftig zugeschlagen haben, machen Sie sich nichts draus. Sagen Sie einfach, ein Dritter hätte den Schlägen zugestimmt.

13. Vertrauen im Netz? Naiv!

Eine weitere beliebte Form der Zuständigkeitsverschiebung innerhalb der »Selbst schuld« Argumente ist die Pflicht zur Information des Nutzers. Also eine vermeintliche Pflicht der Nutzer, herauszufinden, was denn so mit ihren Daten in irgendeinem System passiert. Wenn der Nutzer nicht jedes Unternehmen überprüft und sich nicht stundenlang informiert, ist er auch schon deswegen selbst schuld.

Unsere Gesellschaft basiert aber darauf, dass Sie generell vertrauen können, dass sich jeder ordentlich benimmt und an die Gesetze hält. Das gilt online genauso wie offline. In Europa ist dieser Grundsatz besonders weit verbreitet und trotzt zum Glück weiterhin der Idee, dass man generell mal davon ausgehen muss, dass jeder nur auf seinen eigenen Vorteil bedacht ist.

Der Klassiker dieser Idee ist der Vertrauensgrundsatz im Straßenverkehr. Ich kann generell davon ausgehen, dass sich jeder Mensch auf der Straße ordentlich verhält. Wäre dem nicht so, würde unser Verkehr zum Erliegen kommen. Ich müsste bei jedem Auto, das von einer Seitenstraße kommt, anhalten, weil ich ja nicht davon ausgehen könnte, dass der Fahrer sich an meinen Vorrang hält. Gibt es einen Unfall, wäre ich zumindest teilweise schuld, denn ich musste ja davon ausgehen, dass sich die anderen an nichts halten. Eine absurde Idee.

Aber auch in der Wirtschaft gehen wir generell davon aus, dass alle ordentlich arbeiten. Stellen Sie sich vor, Sie sind im Supermarkt. Sie gehen davon aus, dass der Supermarkt nach der Bauordnung gebaut ist und die Äpfel im Regal den Hygienestandards entsprechen. Wenn Ihnen die Decke des Supermarkts auf den Kopf fällt, sind Sie nicht selbst schuld. Genauso wenig, wie wenn Sie von dem Apfel Durchfall bekommen.

Sie können also darauf vertrauen, dass in einer entwickelten Gesellschaft sowas nicht passiert. In Somalia sieht das vielleicht anders aus, aber noch sind wir kein »Failed State«. Auch wenn wir einen Fernseher kaufen, haben wir gesetzlich Gewährleistung für 2 Jahre. Wir können darauf vertrauen, dass das Produkt nicht fehlerhaft ist, andernfalls bekommen wir eine gratis Reparatur oder Geld zurück. Damit ist auch die Bereitschaft, etwas zu kaufen viel höher, am Ende profitieren also alle davon.

Aber in anderen Staaten außerhalb Mitteleuropas muss man in der Praxis feststellen, dass man nicht immer auf Qualität vertrauen kann. Da wird dann klar, dass die unzähligen Vorschriften, die wir bei uns so gerne an den Pranger stellen, fehlen können, wenn Leute auf einmal ihr Handwerk nicht verstehen. In den USA gibt es etwa nicht ein paar Jahre Gewährleistung, wie bei uns. Wenn ein Unternehmen nicht gut liefert, dann hat der Konsument oft einfach Pech gehabt. Wenn Sie das mal ausprobieren wollen, empfehle ich Ihnen im Silicon Valley einen Automechaniker zu suchen, der sein Handwerk versteht. Ich brauchte, als ich dort lebte, drei Versuche, trotz langer Recherche. Für mich total absurd, weil ich daran gewöhnt war, darauf zu vertrauen, dass ein Mechaniker weiß, was er tut.

Die Vorteile eines Systems, das generell auf Vertrauen basiert, sind deutlich einfachere Transaktionen. Deutlich weniger Aufwand, weniger Sorgen und eine höhere Lebensqualität. Sie brauchen nicht jedes Mal eine bakteriologische Untersuchung anzustellen, bevor Sie in einen Apfel beißen und auch nicht die Fundamente des Supermarkts prüfen, bevor Sie reingehen. Wenn Sie in ein Restaurant gehen, müssen Sie nicht vorher auf einer Bewertungsplattform nachschauen, wie viele Kunden nachher Durchfall hatten. Sie können davon ausgehen, dass das Essen zumindest sicher ist, mit einem Blick ins Netz finden Sie vielleicht auch noch gutes Essen.

Anders sieht es natürlich aus, wenn vom Supermarkt die Decke schon halb heruntergehängt, der Apfel halb verrottet ist, das Restaurant voller Ratten ist und der Mechaniker Ihnen im Vollrausch entgegentritt. Hier endet das Vertrauen für jeden denkenden Menschen.

Im Internet ist das genauso: Mein Mitleid hält sich in Grenzen, wenn Leute heikle Daten irgendeiner offensichtlich zwielichtigen Webseite hinterherschmeißen oder noch immer nicht verstehen, dass die E-Mails, die mit halb russischen Buchstaben nach ihren Kontodaten fragen, vielleicht eher nicht von ihrer Bank sind. Nichts hindert einen Menschen daran, auch im Internet oder bei diversen Apps genauso mitzudenken wie offline. Vertrauen bedeutet nicht Naivität.

Wenn aber offline eine vertrauensbasierte Gesellschaft gut funktioniert, warum sollte es online irgendwie anders sein? Warum sollte ein Nutzer auf einmal ein technisches Labor eröffnen müssen, um herauszufinden, was Facebook, Google, Amazon oder eBay mit seinen Daten macht? Abgesehen davon, dass es selbst Experten nicht wirklich möglich ist, das genau herauszufinden. Warum sollte er nicht einfach darauf vertrauen können, dass diese Unternehmen sich zumindest an die Gesetze halten? Ich kenne keinen Grund.

Es wäre vollkommen paradox, unser System des Vertrauens aufzugeben und eine Situation zu akzeptieren, in der wir ständig auf der Hut sein müssten. Man redet uns gerne ein, dass wir selbst schuld sind, wenn wir im Netz darauf vertrauen, dass sich börsennotierte Unternehmen an die Gesetze halten. Eine groteske Logik, die Konzernen eine vollkommen rechtsfreie, virtuelle Parallelwelt einräumen würde.

14. Du hast doch nichts zu verbergen, oder?

Es ist zwar einer der ältesten Stehsätze, er hält sich jedoch ungemein hartnäckig. Dabei gibt es wohl niemanden auf der Welt, der absolut nichts zu verbergen hat, es sei denn, man ist ein neugeborenes Baby oder hat einen Lebenswandel, der an Prüderie und Belanglosigkeit nicht zu überbieten ist. Sonst aber gilt: Jeder hat irgendwas zu verbergen.

Denken Sie an das letzte Mal, als sie keine Rechnung für irgendetwas brauchten (Beihilfe zu einem Steuerdelikt), als Sie letztes Mal ohne Fahrkarte gefahren sind (in Österreich wäre das ein Mal § 149 StGB) oder Sie irgendwelche Verwaltungsvorschriften übertreten haben (rote Ampeln, Parkverbote, Geschwindigkeitsbegrenzungen, Hundekot nicht aufgesammelt, etc.). Wer ohne Fehler ist, werfe den ersten Stein.

Zu einem großen Teil verbergen wir aber nicht mal nur Verfehlungen, sondern auch vollkommen legale Dinge. Eines der besten Beispiele ist Sexualität. Wenn Sie nicht gerade Pornostar sind, wollen Sie Ihr Liebesleben vermutlich geheim halten. Auch wenn das Sexualleben so spannend ist wie der Fahrgastwechsel am Hauptbahnhof, geht es tendenziell entspannter »rein und raus«, wenn man dabei ganz gepflegt seine Ruhe hat. Jedenfalls haben hier fast alle etwas zu verbergen. Das Bedürfnis nach dem Grad der Geheimhaltung mag auch an Ihren Vorlieben oder Ihrer Erziehung liegen. Jedenfalls will fast keiner von uns seine letzte sexuelle Aktivität als Titelbild auf der Morgenzeitung haben. Obwohl Sexualität total legal, normal und sogar ein Grundbaustein unseres Lebens ist.

Ebenso natürlich haben wir das Bedürfnis, im Lokal unseren eigenen Tisch zu haben, ohne Nachbarn, die unsere Gespräche belauschen, auch wenn das von Wirten, die uns in neuen Restaurants immer enger zusammenpferchen, zunehmend weniger anerkannt wird. Wir wollen vielleicht nicht, dass unsere neue Flamme von unserem Interesse weiß. Wir halten unseren neuen Job vor unserem alten Chef geheim. Wir wollen nicht, dass jeder von unseren Sorgen, Ängsten und Problemen weiß. Wir verstecken unsere Krankheiten und Medikamente, wenn es nicht gerade ein Schnupfen ist, weil wir nicht wollen, dass Leute komisch reagieren oder etwas zum Tratschen haben.

Richard Gutjahr, ein Blogger und Journalist, erzählte mir vor einiger Zeit, dass er seine DNA sequenzieren lassen und den Code ins Netz stellen will. Das sei der totale persönliche Strip und das Persönlichste, was man nur irgendwie ins Netz stellen könne. Als Protest gegen NSA und den restlichen Wahnsinn sollte das sowas wie eine paradoxe Intervention werden. Wenn jemand einmal seine DNA im Netz hat, dann muss er wirklich nichts mehr verstecken. Im Zuge des Gesprächs habe ich dann eine Frage gestellt: »... und was ist mit deinen ganzen E-Mails? Würdest du die auch ins Netz stellen?« Nach kurzem Schweigen kam ein klares »Nein«. Selbst beim geplanten Totalstrip gab es also Grenzen. Jeder hat etwas zu verstecken, selbst jene, die alles ins Netz stellen wollen.

Wenn dann Leute wie Eric Schmidt, der Chef von Google, Aussagen loslassen wie: »Wenn es etwas gibt, von dem Sie nicht wollen, dass es irgendjemand erfährt, sollten Sie es vielleicht ohnehin nicht tun«, dann sind einem der mächtigsten Herrn der IT-Industrie, der sogar auf der Stanford-Universität lehrt, entweder keine besseren Argumente mehr eingefallen oder er lebt in einer Parallelwelt. Beides ist bedenklich.

Spannend dabei ist auch, dass genau jene Unternehmen, welche uns permanent predigen, wie offen und transparent wir und die ganze Welt sein sollen, selbst mit allen Mitteln mauern. Die Geschäftsgeheimnisse der Unternehmen fallen nämlich aus irgendeinem Grund nicht unter das »Nichts zu verbergen«-Argument, das für die Nutzer gilt. Die Nutzer dürfen auf keinen Fall wissen, was mit den Daten passiert, was genau gespeichert wird und wie Informationen über uns verarbeitet werden. So haben die Juristen von Facebook in unserem Fall vor der irischen Datenschutzbehörde gar nicht schnell genug die »Geschäftsgeheimnis!«-Karte ziehen können. Bis heute wurden praktisch keine Fragen beantwortet, alles war geheim, vertraulich und musste dringend versteckt werden. Wir dürfen bis heute weder Beweise, noch die Akten oder die Gegenargumente sehen. Alles streng vertraulich, auch wenn das Akten in unserem eigenen Verfahren gegen Facebook sind.

Sie wollen wissen, nach welchem Algorithmus Facebook, Google oder sonstwer Ihre Daten verwurstet oder Teile des Internets wegfiltert? Tut leid, da haben die Unternehmen etwas zu verstecken. Sie wollen wissen, wie lang die Daten gespeichert werden? Welche Daten genau für welchen Zweck verwendet werden? Keine Antwort. Die schöne transparente Welt ist also bei genauerem Hinsehen nach Vorstellung der Konzerne nur einseitig transparent. Die Konzerne sind so opak wie wenig anderes. Kein Wunder, wenn man so viel Dreck am Stecken hat.

Unterm Strich soll also gelten: Ein Geheimnis darf nur noch der haben, der die faktische Macht besitzt, es auch geheim zu halten. Und da Sie als Privatnutzer diese Macht heute schon lange nicht mehr haben, haben Sie sich gefälligst damit abzufinden, dass es verstecken nicht mehr spielt. Schöne neue Welt!

15. Wir haben alles anonymisiert!

Eine sehr vielversprechende Strategie für besseren Datenschutz ist technischer Datenschutz. Das bedeutet, Technologie so zu gestalten, dass personenbezogene Daten gar nicht notwendig sind.

Schon heute lesen wir oft, dass alle Daten »anonymisiert« wurden, wenn diese für Statistiken oder Auswertungen verwendet werden. Auch bei der Weitergabe an andere Unternehmen wird regelmäßig auf pseudonyme oder anonyme Daten verwiesen. Auch die sonstige Verarbeitung der Daten wird oft mit ähnlichen Schlagworten als unproblematisch beschrieben. Wenn das richtig gemacht wird, wäre es auch unproblematisch, nur sieht die Realität oft anders aus.

Eine übliche Praxis der großen IT-Konzerne ist es zum Beispiel, über eindeutige Schlüssel wie E-Mail, Telefonnummer oder Kreditkarten die Daten von verschiedenen Quellen zu verknüpfen. Wenn ein Unternehmen also Ihre E-Mail-Adresse hat und auf Facebook genau Ihnen eine Werbung vorsetzen will, dann gibt das Unternehmen einfach Ihre E-Mail an Facebook weiter, das dann in seiner Datenbank Ihr Konto finden kann. Noch besser geht es mit Telefonnummern, weil die meisten Leute zwar mehrere E-Mail-Adressen aber nur eine Telefonnummer haben. Sie haben sich noch nie gewundert, warum Sie bei Google, Facebook und jedem anderen größeren Unternehmen aus »Sicherheitsgründen« Ihre Telefonnummer angeben müssen? Naja, jetzt kennen Sie, neben der vorgeschobenen Sicherheit, einen weiteren Grund: Telefonnummern sind ein einfaches Mittel, um Personendaten zu authentifizieren und zu verknüpfen.

Nun haben die Konzerne erkannt, dass es doch etwas problematisch ist, diese Daten der Kunden einfach weiterzugeben. Kein Kunde liest gerne »Wir geben Ihre E-Mails und Telefonnummern an Partner weiter«. Also überlegen sie sich Tricks, wie sie genau das machen können, nur mit einer sexy Wohlfühlaufschrift. Der Etikettenschwindel heißt dann regelmäßig Anonymisierung. Anstatt einfach die Daten weiterzugeben, werden die Daten zum Beispiel »gehasht«. Das bedeutet, aus Ihrer E-Mail-Adresse wird ein Code generiert. Dieser Code ist unter normalen Umständen nicht mehr in Ihre E-Mail-Adresse rückrechenbar, aber jeder, der Ihre E-Mail-Adresse hat, kann ebenfalls den gleichen Code erstellen und dann eben statt der E-Mail-Adressen die Codes vergleichen. Ergo: Die Information »Nutzer X« bei Unternehmen A ist die gleiche Person wie »Nutzer Y« bei Unternehmen B wird genau so weitergegeben, als ob einfach Ihre Telefonnummer ausgetauscht würde, nur eben nicht mehr, indem man Ihre Nummer als Schlüssel verwendet, sondern stattdessen über einen von Ihrer Nummer abgeleiteten Code.

In Wirklichkeit wird weiter direkt »Hans Müller« identifiziert, und die entsprechenden Daten werden verknüpft. Nur wird eben dafür sowas wie »sHe728jseLSnT8e92« als Code verwendet, statt einer E-Mail-Adresse oder einer Telefonnummer. Unser Hans Müller bleibt aber so oder so als Person identifizierbar.

In anderen Fällen werden die Daten einfach von beiden Unternehmen an einen Dritten gegeben, dieser verknüpft die Daten und schickt die Treffer wieder zurück. Nach Ansicht vieler Unternehmen ist das dann anonym und soll daher nicht mehr unter die Datenschutzgesetze fallen.

Ähnlich kann auch über die Cookies erfasst werden, dass Nutzer A auf Webseite X der Nutzer B auf der Webseite Y ist. Cookies sind kleine Textdateien, die Unternehmen in Ihrem Browser hinterlegen. Damit ist Ihr Computer markiert und kann von diesen Unternehmen fortan im Netz verfolgt werden. Natürlich sagen die Unternehmen, dass Sie hier ganz anonym verfolgt werden. Argumentiert wird oft damit, dass ja theoretisch auch mal andere Ihre Computer nutzen könnten. Natürlich passiert das bei den meisten PCs, Laptops und Smartphones praktisch nie. Aber um auch diesen Fall auszuschließen, hat beispielsweise Facebook eine Statistik, wie oft sich welcher Nutzer von welchem Computer bei Facebook eingeloggt hat. Damit weiß Facebook mit einer extrem hohen Wahrscheinlichkeit, wer »anonym« hinter diesem Bildschirm sitzt.

Anstatt einer ernsthaften Anonymisierung wird also mit einer Placebo-Anonymität argumentiert und geworben, die jeder erstsemestrige Informatikstudent durchschaut. Facebook bekommt in den USA auch vollkommen »anonym« Daten über seine Nutzer von den großen Datenhändlern Acxiom, Epsilon und Datalogix. Wenn Sie dann mit Ihrer Kundenkarte irgendetwas gekauft haben, dann leitet der Supermarkt diese Informationen an einen Datenhändler weiter. Dieser leitet die Daten »anonym« an Facebook weiter und Sie bekommen ganz »anonym« die passende Werbung aufs Handy. So haben Sie sich Anonymität sicher auch immer schon vorgestellt, oder?

Noch spannender wird es, wenn Datenmassen selbst so individuell sind, dass es nicht mehr möglich ist, diese zu anonymisieren. Das musste AOL leidvoll feststellen, als das Internetunternehmen die Suchdaten von 657.000 Nutzern öffentlich online stellte. Die Daten waren anonymisiert, weil statt der persönlichen Nutzerdaten einfach eine fortlaufende Nummer verwendet wurde. Die Felder »Kunde 3345« oder »Hans Mayer« ersetzte AOL also mit »172901«. AOL hatte kein direktes Interesse, diese Daten zu teilen, es wollte anscheinend in bester Absicht die Daten für Forschungszwecke veröffentlichen. Die Forschung, die daraufhin einsetzte, war aber wohl nicht geplant: Journalisten fingen an, die Suchdaten auszuwerten. Als erstes gelang es der New York Times, die anonyme Nutzerin »4417749« zu entlarven: Es war die 62 jährige Thelma Arnold aus Lilburn, Georgia. Die Journalisten verknüpften die vielen Suchanfragen mit anderen Daten, und schon war die Dame identifiziert.

Andere Journalisten fanden einen Nutzer mit der Nummer »17556639«, der permanent diverse Tötungsdelikte, Fotos von Mordopfern oder »Wie bringt man seine Ehefrau um?« suchte. Dazwischen suchte er jedoch nach »Steak und Käse«. Für viele Leute im Netz war klar: Da bereitet jemand den perfekten Mord vor. Der Mörder muss gefunden werden! Ein Dokumentarfilmer fand ihn schließlich auch, nur stellte sich heraus, dass es sich nicht um einen blutrünstigen Serienkiller handelte, sondern um einen Autor der TV Serie »Cold Case«. Er recherchierte Morde und holte sich makabre Inspiration für seine Arbeit beim Fernsehen. Dazwischen hatte er Hunger auf Steak und Käse. Seine Frau lebt nachweislich noch, seine vermeintliche Anonymität hat hingegen nicht überlebt.

Sie sehen also: Nur weil ein paar Informationen verändert oder ersetzt wurden, sind sie noch nicht wirklich anonym. Ernsthafte technische Anonymisierung ist möglich, wo aber anonym draufsteht ist noch lange nicht anonym drinnen, oft ist es nur Etikettenschwindel.

16. Wir bezahlen doch mit unseren Daten!

Das Leben ist ein Geben und Nehmen. Wir bekommen im Netz viele Dienste ohne Bezahlung und müssen dafür eben auch etwas geben. »Wenn du für das Produkt nicht zahlst, bist du das Produkt«, wird gerne verbreitet, von den Konzernen und einigen Datenschützern zu gleichen Teilen.

Von allen Mantras der Privatsphäre-Gegner ist dieses Argument auch das einzige, das zumindest im Ansatz richtig ist. Leider setzten aber die meisten Meinungsführer nach dieser ersten Feststellung einen Punkt. Politiker mit überschaubarer Fähigkeit zu kritischem Denken sagen dann so schöne Sätze wie: »Wenn wir ernsthaften Datenschutz einführen, dann müssen Sie bald für jede Webseite zahlen, das wollen Sie doch nicht, oder?« Ende der Diskussion.

Wie sieht aber das Geschäftsmodell einer Gratis-Webseite oder eines Gratis-Dienstes üblicherweise im Detail aus? Da gibt es in den meisten Fällen eine Antwort: Werbung.

Nun sind werbefinanzierte Dienste auch keine wirklich neue Idee. Bis auf wenige Ausnahmen ist in Europa das gesamte Privatfernsehen und Privatradio werbefinanziert. Die meisten Zeitungen sind zu einem großen Teil durch Werbung finanziert, einige besondere »Qualitätspublikationen« sind heute sogar voll durch Werbung bezahlt und daher auch gratis. Das Geben und Nehmen in der Werbung ist auch eher simpel: Impressionen werden gegen Geld getauscht. Wenn ich mich also mit Werbung finanzieren will, muss ich möglichst viele Menschen anlocken, die dann die Werbung ansehen können (oder müssen). Das Plakat an der Hauptstraße kostet daher mehr als jenes neben dem Schrottplatz.

Auch im Netz geht es primär darum, möglichst viele Nutzer anzuziehen, die dann irgendeine Werbung sehen oder anklicken. Ein werbefinanzierter Dienst muss also möglichst viele Menschen für möglichst lange Zeit auf die eigene Seite bekommen. Natürlich besuchen auch die blödesten Nutzer keine Seite, die nur voll von Werbung ist. Man muss die Leute also mit irgendwas locken. Das mögen Nachrichten, Videos, Katzenbilder, Pornos oder eine Suchfunktion sein. Irgendetwas, das für den Nutzer einen Mehrwert hat, damit man ihm gleichzeitig die Werbung unterschieben kann.

Nun kostet es durchaus viel Geld, eine gute TV Show zu produzieren, Inhalte von Autoren oder Journalisten schreiben zu lassen oder professionelle Pornos zu drehen. Daher haben die etwas intelligenteren IT-Unternehmen das Web 2.0 erfunden: Hier werden die Inhalte nicht mehr vom Unternehmen gemacht, sondern vom Nutzer fabriziert – vollkommen gratis!

Das Web 2.0 ist also so, als ob Sie sich im Fernsehen selbst oder eben Ihren Nachbarn oder Ihre Freunde ansehen. Ein geniales Konzept! Das Ganze verkauft man dann noch als »Community«, in der sich alle lieb haben oder aber als Förderung der freien Meinungsäußerung. Diese positiven Nebeneffekte mögen zwar durchaus vorhanden sein, die Verbesserung der Welt ist aber sicher nicht der Grund, warum Investoren eine Aktiengesellschaft wie eine Weihnachtsgans mit Geld vollstopfen.

Wenn Sie also wissen wollen, wie wir heute für diverse Dienste zahlen, dann ist die Antwort meistens erst einmal: mit unseren Inhalten. Die Nutzer sind die Schreiberlinge, die Journalisten und auf YouPorn sogar die gratis Sexdarsteller der Industrie. Genial, oder? Kein Mensch würde auf YouTube gehen, weil dort oben in der Ecke so ein nettes rotes Logo steht. Die Leute kommen auf YouTube, weil darunter die ganze Seite voll von Nutzerinhalten ist. Kein Mensch würde auf Facebook herumklicken, wenn dort nicht die Fotos, Postings oder Videos von irgendwelchen Nutzern wären. Und kein Mensch würde Google benutzen, wenn er dort nicht die Inhalte des ganzen Netzes bekommen würde.

Nun ist es klar, dass all diese Dienste auch selbst etwas beitragen, seien es nur die Server, Leitungen und Software für diese Seiten. Fragen Sie aber einmal bei einem Medienunternehmen, was bei der Bereitstellung von Inhalten das eigentlich Teure ist. Es ist bestimmt nicht der Server im Keller, sondern die drei Stockwerke Redaktionen, die diesen Server befüllen müssen. Als Vergleich: Die Trägergesellschaft von Wikipedia hatte Hostingkosten von ca. 1,9 Millionen Euro im Geschäftsjahr 2012/13. Das ist nichts, für eine der meistbesuchten Seiten im Netz. Google bietet derzeit ein Gigabyte Speicherplatz auf seinen Servern um weniger als 2 Cent an. Nicht mehr kostet das Hosting von Ihrem Facebook-Profil oder einem großen HD-Video.

Jedes normale Medienunternehmen würde Ihnen also vermutlich den Speicherplatz gratis hinterherschmeißen und noch ein paar Cent geben, wenn es Ihre Inhalte und die paar dadurch ausgelösten Besucher haben könnte. Einige Web 2.0 Plattformen, wie YouTube, machen genau das und beteiligen die Inhalteanbieter zumindest im kleinen Maß an den Werbeeinnahmen. An alle anderen Unternehmen, die uns erklären, dass das Leben eben ein »Geben und Nehmen« sei, empfehle ich Ihnen dringend, mal eine Rechnung zu schicken. Heute bekommen wir oft nur noch ein paar Megabyte Speicherplatz und etwas Infrastruktur (die pro Nutzer ein paar Cent kostet) im Austausch gegen unsere Inhalte und Stunden unserer Aufmerksamkeit. Wenn wir also »mit unseren Daten bezahlen«, dann stimmt das, trifft aber vor allem auf unsere Inhalte, nicht nur auf unsere privaten Informationen zu.

Aber nachdem wir nun festgestellt haben, wer im Web 2.0 eigentlich den Köder für die Nutzer produziert, kommen wir zur Werbung selbst. Die meistbesuchte Nachrichtenseite in Österreich ist die des ORF. Auch diese Seite ist werbefinanziert: Links ist der redaktionell produzierte Inhalt, rechts ist Werbung. Der staatliche ORF verdient vermutlich recht gut an dieser Seite, obwohl hier keine Daten der Nutzer gesammelt werden. Man kann als Werbetreibender die ganze rechte Spalte für einen Tag mieten oder auch kleinere Werbefenster schalten. Jedenfalls funktioniert das, wie bei den meisten klassischen Webseiten, ohne irgendeine Überwachung und Datensammelei. Genauso wie die Werbung in der Zeitung, auf dem Plakat und im Fernsehen ist das ein gutes Geschäft, ohne dass die persönlichen Daten von auch nur einer Person erhoben werden.

Doch das reicht heute nicht mehr. Wir hören, dass die Unternehmen noch weiter gehen müssen. Sie müssen noch gezielter die Nutzer ansprechen. Eine Suchmaschine wie Google kann das sehr gut, auch ohne Daten über die Nutzer zu speichern. Wenn Sie nach einem »Auto« suchen, weiß Google, was Sie wollen. Durch die IP Adresse weiß Google auch, wo Sie sich grob befinden. Sie bekommen sofort passende Anzeigen zu Autos, Gebrauchtwagen in Ihrer Nähe, das nächste Autohaus und so weiter.

Blöd nur, wenn man ein IT-Unternehmen, aber keine Suchmaschine ist und daher nicht weiß, was die Leute gerade wollen. Als ganz normale Webseite kann ich nur von den Inhalten auf die Interessen der Nutzer schließen. Wer die Webseite eines Automagazins liest, ist tendenziell für den neuesten BWM empfänglich. Auch hier muss ich nichts über den Nutzer wissen, nur über die Seite, auf der ich eine Werbung schalte.

All diese Techniken gibt es auch bei klassischen Medien: Es gibt lokale Werbung. Man inseriert in Medien, die thematisch zum Produkt passen. Und man versucht auch sonst zu vermeiden, dass man im Sommer in der Karibik am Strand eine Werbung auf Chinesisch für Wintermäntel affichiert, denn das wäre vermutlich sinnlos. Dazu braucht man keine Daten der vorbeigehenden Menschen, man braucht nur zwei Gramm Hirnschmalz oder, in Ermanglung dessen, einen netten Algorithmus, der das für einen ausrechnet.

Doch auch diese Arten der Personalisierung nach thematischem Kontext, Ort, Zeit und anderen anonymen Daten reichen einigen Unternehmen noch immer nicht aus. Sie fangen an, die Nutzer persönlich zu »tracken«, also durchs ganze Netz zu verfolgen, legen umfangreiche Profile über sie an, kaufen extern Daten bei Datenhändlern zu und greifen zu all den Mitteln, die aus Sicht des Nutzers bedenklich sind. Ziel ist es, die Streuverluste abermals weiter zu reduzieren. Je intensiver ich jeden Nutzer durchleuchte, desto mehr kann ich die Klickzahl steigern. Dabei geht es durchaus um Schwankungen im Promillebereich. Dazu werten einige Datensammler jedes Bit an Informationen über Sie aus. Diverse Überwachungssysteme werden in einen großen Teil der Webseiten, die Sie besuchen, integriert. Das bedeutet, diese Unternehmen können Sie über viele Seiten hinweg verfolgen. Die Verfolger wissen, was Sie lesen, ansehen und tun. Wie lange Sie etwas tun und wohin es Sie dann treibt. Über Cookies und andere Technologien bleiben Sie am Radar. Aber es wird nicht nur online gesammelt. Facebook und viele andere Unternehmen kaufen zusätzlich extern Daten zu. Damit weiß Facebook, dass Sie an irgendwas interessiert sind, auch wenn Sie das auf Facebook nie eingegeben haben. Dem Nutzer verkauft man diese Stasi-Methoden als lobenswerte Bemühung, dem Kunden relevantere Informationen zu liefern.

Das ganze passiert ohne Ihre Zustimmung oder Ihr Wissen. Es ist auch vollkommen illegitim, fremde Leute, mit denen man nichts zu tun hat, auf Schritt und Tritt zu verfolgen. Stellen Sie sich vor, das würde jemand auf der Straße machen! Mit keinem dieser Datenhändler haben wir jemals einen Vertrag geschlossen. Keines dieser Unternehmen hat eine staatliche »Stasi-Lizenz« erhalten. Nach den bestehenden Gesetzen ist das auch oft nicht legal, aber man tut es einfach, schafft Fakten und beschwert sich lautstark über die Kritiker. Angriff ist die beste Verteidigung.

All das passiert nur, um mit personalisierter Werbung ein paar Klicks mehr zu erreichen als bei einer Standardwerbung. Nur für diese lausige Steigerung müssen Sie mit Ihren Daten bezahlen. Wenn Ihnen die Schuhe, die Sie auf Zalando.com angesehen haben, auf Facebook hinterherlaufen, dann müssen die Turnschuhe oder

Ballerinas wissen, wem sie folgen sollen. Dieser kleine Teil der Werbung ist das Einzige, wofür ihre persönlichen Daten notwendig sind. Alle anderen Formen der Werbung sind auch vollkommen ohne Dauerüberwachung und riesige Datensammlungen jederzeit möglich.

Dabei konnte mir bis dato noch kein Lobbyist der Werbeindustrie sagen, um wie viel genau personalisierte Werbung öfter angeklickt wird als eine Standardwerbung. Hinter vorgehaltener Hand wurde mir erklärt, dass es eher um einen Trend geht, um Verbesserungen der Werbemöglichkeiten, aber nicht um das »große Ding«, als das es den Werbetreibenden verkauft wird. Trotzdem wird so getan, als ob Werbung ohne Dauerverfolgung jedes Internetnutzers nicht möglich ist. Dass dieses Argument vollkommener Blödsinn ist, sieht man auch bei logischer Überlegung: Wäre es wirklich unmöglich, ohne personalisierte Werbung an Kunden zu kommen, dann wären wir 95% der Werbung, die unsere Städte »zieren«, sofort los. Denn all die Plakate, die beklebten Busse und die Werbung in TV und Radio sind absolut nicht personalisiert. Irgendwie funktioniert das aber trotzdem. Wenn man sieht, wie viel Werbung in unseren Städten herumhängt, hat man sogar das Gefühl, es funktioniert viel zu gut. Warum normale Werbung im Internet oder auf unseren Smartphones plötzlich nicht funktionieren soll, kann Ihnen keiner erklären. Man will einfach nur noch etwas mehr, egal wie tief der Eingriff in die Privatsphäre der Nutzer ist. Dabei bietet digitale Werbung gegenüber klassischen Werbeformen ohnehin schon unglaubliche Vorteile bei der zielgenauen, dynamischen und kostengünstigen Auslieferung von Konsumentenbelästigung. Es gibt überhaupt keinen Grund, hier noch zusätzlich mit unglaublich penetranten, tiefgehenden und intensiven Verfolgungstaktiken abermals mehr Profit auf Kosten unserer Grundrechte zu erlauben.

Zusammenfassend bezahlen wir also durchaus mit unseren Daten – vor allem mit unseren Inhalten. Werbung ist zur Finanzierung von Diensten sicher auch notwendig. Online-Werbung kann auch sehr gut angepasst werden, ohne die Nutzer zu durchleuchten. So weit, so gut.

Dass wir aber darüber hinaus alle unsere intimen Daten am Altar der Werbeindustrie opfern müssen, damit mittels Totaldurchleuchtung aller Nutzer noch ein paar Klicks mehr rausschauen, ist eine andere Geschichte. Wenn dann noch so getan wird, als würde ohne dieses Opfer der sofortige Tod aller Online-Dienste eintreten, dann sind wir abermals ganz tief in der Märchenwelt der Lobbyisten.

Vergleichen wir diese Werbesysteme einfach mit der Vorratsdatenspeicherung: Man speichert statt Metadaten tausende Inhaltsdaten. Tausenden Klicks, E-Mails, Postings und Kommentare. Das Ganze speichern wir endlos. Hunderte private Unternehmen tauschen diese Daten in undurchsichtigen Netzen miteinander aus. Die Daten liegen nicht nur in einem Speicher, sondern werden permanent verarbeitet und analysiert. Der Zweck? Ein paar Klicks extra. Sonst nichts.

Damit das jemals verhältnismäßig wird, müsste man Verhältnismäßigkeit neu definieren. Während die Vorratsdatenspeicherung noch den Zweck der Terrorbekämpfung vorweisen kann, ist der Zweck dieser Totaldurchleuchtung nur noch ein minimaler Profitvorsprung. Ein paar Cent pro Nutzer. Hier werden trotzdem viel mehr Daten viel intensiver genutzt. Eine Löschungsfrist, eine demokratische Kontrolle oder ähnliches fehlt vollkommen.

Die Geschichte vom Geben und Nehmen ist so gesehen eine offensichtliche Lüge. Der Eingriff in unsere Privatsphäre ist, im Vergleich zum Vorteil, der daraus gezogen wird, außerhalb jeder vertretbaren Balance. Wir bezahlen zu viel für das, was wir bekommen. Datenwucher ist das passende Wort.

17. Das Diktat der Technologie

Nicht wenige halten Privatheit, angesichts des technologischen Wandels, für ein Konstrukt der Vergangenheit. Die Umstände hätten sich eben geändert, die Zeit sei nicht mehr zurückzudrehen. Informationen seien so flüchtig wie nie zuvor. Die Entwicklung in diesem Sektor sei eine Tatsache und überhaupt sei das alles alternativlos. Alles, was möglich ist, wird eben auch getan. Wie im Wilden Westen gilt: »anything goes«. Wer das nicht begreift, der ist entweder naiv oder versteht die Technologie nicht.

Tatsächlich kann die Technologie heute viel mehr als je zuvor, und mit jedem Jahr wird noch mehr dazukommen. Es kommt also der Punkt, an dem wir uns überlegen müssen, ob die Technologie alles, was sie kann, auch können soll. Ein Porsche kann 300km/h fahren, mein altes Auto brachte zumindest 200km/h leicht zusammen. Außer auf ein paar Autobahnen in Deutschland darf man aber nicht so schnell fahren. Wir haben entschieden, dass die Geschwindigkeit von Autos gewisse Grenzen braucht. Wo diese Grenzen sinnvollerweise liegen, kann man lange debattieren, aber es gibt wohl nur wenige, die gerne einen Porsche mit 300km/h durch ihre Wohnstraße brausen sehen würden. Wir haben also das technisch Mögliche durch Grenzen und Verbote limitiert, im Interesse der Allgemeinheit.

Je komplexer und entwickelter Technologie wird desto mehr drängt sich die Frage nach sinnvoller Beschränkung auf. Aus praktischen Gründen, Gründen des Allgemeinwohls oder aber auch aus ethischen Gründen. Egal ob Drohnenkrieg, Atomenergie, Embryonenforschung, Überwachung oder der Porsche: Wir müssen überlegen, was noch okay ist, welche Beschränkungen notwendig sind und was wir als Gesellschaft nicht mehr für sinnvoll erachten oder was uns zu gruselig wird.

Nur weil es heute technisch möglich ist, die gesamte Erde mehrfach mit Atombomben hochzujagen, ist es noch lange nicht richtig.

Nur weil wir Pistolen haben, darf man nicht wahllos auf alles, was sich bewegt, schießen. Nur weil wir mit Drohnen andere Menschen in fremden Ländern umbringen können, ist es noch lange nicht legitim, per Joystick (allein das Wort ist in diesem Zusammenhang pervers) aus tausenden Kilometern Entfernung jemanden auf Verdacht zu töten. Obwohl es technisch möglich wäre, verbieten wir es, Menschen zu klonen, weil das ethisch höchst problematisch ist.

Noch diktieren wir der Technologie, wo die Grenzen sind, nicht andersrum. Die Technologie tut, was ihr gesagt wurde, jedes System wird von Menschen programmiert und gesteuert. Was ein Computer tut, ist nicht gottgegeben. Wer nun behauptet, dass es einfach die Technik ist, die die armen Konzerne richtiggehend dazu nötigt, alles zu durchleuchten, ist entweder von Sinnen – oder ein Lobbyist.

Lobbyisten sind ja gerade im Bereich der Technologie sehr aktiv und haben oft leichtes Spiel. Keines ihrer Opfer versteht, was die Unternehmen genau tun. Viele der Lobbyisten wissen es übrigens nicht einmal selbst. Trotzdem wird gebetsmühlenartig wiederholt, dass das Expertenwissen dieser Menschen für die Politik extrem wichtig wäre. Nach unzähligen Konferenzen und Diskussionen, bei denen ich mit IT-Lobbyisten konfrontiert war, kann ich die meisten von ihnen nicht mehr ernst nehmen. Ein Lobbyist, mit dem ich nach einer Konferenz zusammengestanden bin, erzählte mir beispielsweise, dass er vor ein paar Wochen noch für Pharmafirmen lobbyiert hatte. Nun stand er der Politik mit seiner »wertvollen Expertenmeinung« für IT-Themen zur Verfügung. Nächste Woche würde er dann vermutlich Experte für die Automobilindustrie sein. Andere Lobbyisten, die ich nach einer Diskussion bei einem Bier gefragt habe, woher sie gewisse falsche Informationen überhaupt haben, sagten ganz offen: »Ach, das hab ich von einem anderen Lobbyisten gehört und fand es ein gutes Argument. Selbst hab ich mir das nie angesehen.« So entwickeln sich auch Lobby-Märchen, die dann von einem Industrievertreter zum nächsten wandern und wie beim »Stille-Post-Prinzip« auch oft noch in verschiedenen Varianten und Abwandlungen zu neuen »Urban Legends« werden.

Die »Diktat der Technologie«-Geschichte ist ein besonders schönes Beispiel aus dem Bereich der Lobby-Legenden und noch dazu extrem praktisch: Jede Verantwortung wird erfolgreich auf ein nebuloses, unberührbares und seelenloses System abgeschoben. Die armen Unternehmen sind in diesem Märchen selbst davon unterjocht. Wer das System erschaffen hat und kontrolliert, das wird getrost verschwiegen, Computer sind ja vom Himmel gefallen, woher genau weiß niemand. Da wir aber wissen, dass das nur ein Märchen ist, stellt sich die Frage, ob die Ausgestaltung dieser seelenlosen Systeme nicht viel über deren Urheber aussagt. Denn in Wahrheit steckt auch hinter jeder Software und jedem System eine menschliche Ideologie – und sei es auch eine diktatorische.

18. Datenschutz schadet Wirtschaft und Innovation!

Eines der am meisten zirkulierenden Argumente ist, dass Datenschutz Innovationen verhindert und der Wirtschaft schadet. Das klingt im Prinzip auch logisch, stimmt nur leider so nicht. Erstens muss man definieren, was überhaupt hinter diesem unermüdlich wiedergekäuten Schlagwort Innovation steckt. Wenn wir von diesen großartigen Innovationen reden, die wir alle gerne beflügeln wollen, verstehen wir darunter nämlich nicht einfach alles, was neu oder anders ist, sondern normalerweise nur fortschrittlichere und bessere Lösungen. Es ist keine Innovation, einen noch größeren und noch mehr Sprit fressenden Motor zu bauen, der nichts Neues kann. Es ist aber eine Innovation, bei gleicher Leistung 10% weniger Energie zu verbrauchen oder weniger Abgase zu fabrizieren und dadurch die Effizienz und die Umweltverträglichkeit zu steigern. Neue Grenzwerte und Vorschriften können solche Innovationen paradoxerweise sogar beflügeln. Autobauer müssen ihre Entwicklung entsprechend ausrichten, und wir bekommen sparsamere und umweltfreundlichere Autos. Das ist innovativ.

Gleiches gilt auch in der IT-Wirtschaft. Es ist nicht innovativ, einfach noch größere Datenbanken über noch mehr Menschen anzulegen und diese aus noch mehr Quellen zu füttern. Genauso wenig ist es innovativ, immer weniger Daten zu löschen und alles endlos zu speichern. Im Namen der Innovation kann man auch nicht einfach, wie mit einem Freifahrtschein, über die Grundrechte von Menschen drüberfahren. So sehr wir alle ein Interesse an Verbesserungen in der IT haben, gelten auch für diese die gleichen Regeln wie in jedem anderen Wirtschaftszweig. Innovativ sind neue Systeme, die einen größeren Nutzen bringen und vielleicht sogar die Privatsphäre der Nutzer schützen. Gerade eine maßvolle Pflicht zum Datenschutz kann sinnvolle und datenschutzfreundliche Innovationen bringen. Natürlich können innovative Systeme und Dienste auch mehr Daten brauchen, das ist aber nicht zwangsläufig so. Die Gleichung »mehr Daten ist mehr Innovation« ist daher in ihrer Einfachheit schon inhärent falsch.

Ein besonderes Kunststück in der Balance zwischen effektivem Grundrechtsschutz und neuer Technologie ist den Gesetzesschreibern durch die »Technologieneutralität« der Gesetze gelungen. Die heutigen Datenschutzgesetze gehen in Wirklichkeit auf die ersten Regelungen in den 1970ern und 1980ern zurück. Damals gab es noch kein Internet, keine Handys, keine Suchmaschinen, keine riesigen Datenbanken. Trotzdem funktionieren diese uralten Gesetze noch heute. Das hat man in weiser Voraussicht vollbracht, indem man in diesen Gesetzen nur generelle Grundsätze festgeschrieben hat. So heißt es etwa, man darf Daten nicht länger speichern als notwendig. Solche simplen Regeln machen heute genauso Sinn, wie in den 80ern. Technologieneutrale Regelungen erlauben es, auch Dienste und Systeme, die früher unvorstellbar waren, sinnvoll zu regulieren.

Die EU startete 2012 eine Initiative zur Neugestaltung der EU-Datenschutzgesetze. Die derzeit gültigen sind aus dem Jahr 1995. Aus fast jeder Zeitung schallte es reflexartig: »Diese Gesetze können nicht mehr mit den Veränderungen, Innovationen und der neuen Technologie mithalten!« In der Praxis stimmt das nicht. Zu 98% geben die heutigen Regeln vernünftige und sinnvolle Antworten auf Phänomene wie Big Data, Soziale Netzwerke oder Tracking im Internet. Die restlichen 2% sind ein Graubereich, den man in Wirklichkeit bei fast jeder Regelung hat. Ich habe jedoch ehrlich gesagt nach Jahren der Erfahrung mit dem Datenschutz bis heute kein Projekt im Interesse der Kunden gesehen, das von den Gesetzen verhindert oder auch nur ernsthaft tangiert worden wäre.

Der einzige wirkliche Nachteil unserer abstrakten Gesetze ist es, dass sie eben erst auf den Anlassfall angewandt werden müssen. Das ist manchmal nicht ganz deppensicher aber auch kein spezifisches Phänomen des Datenschutzes, praktisch alle Gesetze müssen Sie auf den Einzelfall anwenden. Auch bei der Verständlichkeit braucht der Datenschutz den Vergleich mit hunderten anderen Regelungen nicht zu scheuen. Oder würden Sie unsere Steuergesetze beim ersten Lesen verstehen? Da haben Sie beim Datenschutz deutlich bessere Chancen, auch wenn das nicht heißt, dass man die Gesetze nicht weiter vereinfachen könnte.

Diese europäischen technologieneutralen Regeln gründen wiederum auf einem vollkommen anderen Ansatz als jene in den USA. Dort sind Gesetze meist sehr detailliert, speziell, anlassbezogen und vor allem sehr lang. So gibt es in den USA beispielsweise einen »Video Privacy Protection Act«, der sich nur damit beschäftigt, was mit den Informationen über bei Videotheken ausgeborgte Videokassetten passiert. Hintergrund war hier, dass in den 80ern die unspektakuläre Videoliste eines Kandidaten für den Obersten Gerichtshof veröffentlicht wurde. Das wollte man in Zukunft verhindern.

Für alle anderen Kundendaten oder beispielsweise ausgeliehene Bücher aus Bibliotheken gibt es sowas jedoch nicht. Statt einer abstrakten, generellen Regel über Kundeninformationen gibt es nur eine Regelung für Videolisten bei Videotheken. Nachdem es aber in den USA fast keine Videotheken mehr gibt, ist der Anwendungsbereich überschaubar.

Es gibt aber auch andere spezielle Regeln für Gesundheitsdaten, Kreditinformationen oder Kommunikationsdaten, es gibt sogar ein Online-Datenschutzgesetz, das gilt aber wiederum nur für Kinder bis 13 Jahre. Am Tag nach ihrem 13. Geburtstag sind Kinder also wieder vogelfrei. In jedem dieser Einzelgesetze sind die Regeln auch vollkommen anders. Dazu gibt es in den USA natürlich noch das Richterrecht (»case law«), also ein nicht niedergeschriebenes Gewohnheitsrecht, das sich aus unzähligen vorangegangenen Gerichtsentscheidungen ergibt.

Dass ein solches Flickwerk aus detailreichen Regeln mit hunderten Ausnahmen und Sonderregelungen für ein Start-Up unüberblickbar ist, glaube ich sofort. Für Unternehmen ist so ein System allein schon wegen der fehlenden Rechtssicherheit problematisch. Dieses Konzept ist aber genau nicht der europäische Ansatz. Bei uns kann man vergleichsweise leicht überblicken, was erlaubt ist und was nicht. Unternehmen können sich danach richten, wenn sie nur wollen.

Hier treffen also abermals zwei Philosophien aufeinander. Die Europäer können sich die US-Lösung, basierend auf tausenden Einzelregelungen und unzähligen Urteilen, nicht vorstellen. In den USA versteht man wiederum ein abstraktes System oft nicht, weil es nicht direkt sagt, was im Fall X erlaubt ist und was nicht. Wenn man es in den USA doch versteht, dann versteht man es wiederum selten so, wie es gemeint ist, sondern lieber so, wie man es verstehen will. Abstrakte Normen sind für Amerikaner oft ein Volksfest der Rechtsverdreher. Natürlich hält man auch die Vorstellung, dass der Gesetzgeber etwas Zukünftiges regelt für unmöglich. Hexerei nahezu. Der Gesetzgeber muss der Realität hinterherlaufen. Das ist ein Naturgesetz im »Land of the Free«.

Etwas plastischer gesagt: Stellen Sie sich vor, Sie müssen im Strafgesetzbuch den Paragraphen für Mord schreiben. Sie könnten den Schusswaffenmord, den Giftmord, das Erschlagen von Menschen mit einer Pfanne und das Abstechen mit Messern und hundert andere Arten, Menschen zu töten, jeweils einzeln unter Strafe stellen. Das wäre, grob gesagt, der amerikanische Ansatz beim Datenschutz. Sie könnten aber auch einfach abstrakt jede Art, einen Menschen vorsätzlich zu töten, als Mord qualifizieren. Das wäre der europäische Ansatz.

Wenn man es abstrakt definiert, dann ist es egal, ob jemand absichtlich mit einem Pferdewagen, einem Elektroauto oder einem (zukünftig zu entwickelnden) UFO überfahren wird, es bleibt Mord. Definiert man es konkret, dann muss der Lenker von jedem Gefährt erst mal recherchieren, ob er Leute überfahren darf. Er müsste sich durch tausende aufgezählte Mordarten lesen, was kompliziert ist und endlos dauert. Am Ende dieser Recherche kommt der UFO-Lenker drauf, dass er eigentlich jeden überfahren dürfte, weil der Gesetzgeber nicht an die zukünftige Entwicklung von UFOs gedacht hat und dieser Entwicklung hinterherhinkt.

Dreimal dürfen Sie raten, was sich bei der gesetzlichen Definition von Mord durchgesetzt hat. Warum imaginäre UFO-Mörder und reale IT-Konzerne einfache und abstrakte Definitionen eher nicht so sexy finden, ist ebenfalls offensichtlich.

Der zweite Fehler im Argument »entweder Innovation oder Datenschutz« ist, dass es davon ausgeht, dass Datenschutz generell jede Datenverarbeitung erschwert oder verbietet, also irgendwie alle Daten immer vor einer Verwendung schützt. Vom Namen her wäre das zu erwarten, aber »Datenschutz« regelt in Wirklichkeit nur die Datenverwendung. Genauso wie die Straßenverkehrsordnung keine Autos verhindert, sondern den Verkehr lenkt und regelt, sind auch die Datenschutzgesetze in Wirklichkeit Regelungen, keine Verbote. Die Wortkreation Datenschutz ist daher nicht wirklich geglückt. Der US-Ausdruck »Data Privacy« trifft es viel besser.

Was in diesem Zusammenhang aber viel wichtiger ist: Ein normales Unternehmen, das einfach nur seinen üblichen Geschäften nachgeht, wird nie in Konflikt mit dem Datenschutz kommen. So darf man alle Daten verarbeiten, die für einen Vertrag mit einem Kunden notwendig sind. Man darf zum eigenen Schutz Daten sammeln und verwenden. Unternehmen dürfen daher alles was im Geschäftsbetrieb anfällt machen, ohne auch nur ein Mal an Datenschutz zu denken. So sollen sinnvolle Gesetze auch sein, sie existieren dezent im Hintergrund und sind nur für den Notfall da.

Nun werden Sie vielleicht an alle diese Erklärungen, Zustimmungen und sonstigen Kästchen denken, die uns täglich belästigen. Sie werden vielleicht verwundert sein, aber: 90% der »Ich stimme dem Datenschutz zu« Kästchen, die uns im Netz beglücken, sind überhaupt nicht notwendig. Wenn ich in einem Webshop etwas einkaufe, das per Kreditkarte bezahlt und mit der Post verschickt wird, braucht niemand eine Zustimmung zur Datenweitergabe an die Post und das Kreditkartenunternehmen abzugeben. Es ist einfach notwendig für die Vertragserfüllung, dass meine Daten an die Bank, Kreditkartenfirma und Post gehen, das erkennt auch das Gesetz an. Eine Zustimmung des Nutzers braucht ein Unternehmen generell nur bei vergleichsweise außergewöhnlichen Datenverwendungen.

Natürlich geht man als Nutzer davon aus, dass all die Boxen, die uns überall verfolgen, die Auswüchse von zu viel Datenschutz wären. In Wirklichkeit lassen sich ein paar Unternehmen, die keine Ahnung von der Rechtslage haben, einfach nur sicherheitshalber pauschal etwas absegnen, das ohnehin erlaubt ist und gehen uns damit auf die Nerven. Unter Datenschutzjuristen nennt man dieses vergleichsweise ärgerliche Phänomen »Fishing for Consent«.

Nur wenn Sie solche Kästen bei großen IT-Konzernen sehen, sollten Sie genauer hinschauen. Diese Unternehmen tendieren wie gesagt dazu, Prozesse zu optimieren und jeden Schritt zu planen. Wenn Sie dort ein Zustimmungskästchen sehen, dann haben Sie gute Chancen, unter zehn Seiten belanglosem Text ein paar wirklich heikle Passagen zu finden. Dort finden Sie dann jene Dinge, die eben nicht unbedingt notwendig sind, wie beispielsweise Datenweitergabe an Bonitätsunternehmen, Datenhändler und ähnliches. Hier ist die Frage nach einer Zustimmung auch sinnvoll, denn hier kann ich als Kunde vielleicht ernsthaft etwas dagegen haben.

Die Einzigen, die sich die derzeitigen Gesetze also wirklich genauer ansehen müssten, sind die großen IT-Konzerne. Also jene Unternehmen, deren primärer Geschäftszweck die Datensammlung, Datenverarbeitung oder der Datenhandel ist. Natürlich gilt das auch für jene traditionellen Unternehmen, die sich, quasi im Vorbeigehen, durch Missbrauch von Daten ein Körberlgeld verdienen wollen. Hier setzen die Gesetze durchaus Grenzen und auch das ist vollkommen richtig. Dass diese Unternehmen dann auch einen Blick in die relevanten Gesetze werfen, ist wohl ebenfalls zumutbar. Auch jeder andere Gewerbetreibende muss sich mit den einschlägigen Gesetzen vertraut machen, und hier gibt es wahrlich überreglementiertere Bereiche als die Datenwirtschaft.

Genau im Bereich der Datenwirtschaft passiert aber täglich millionenfacher Grundrechtsbruch, der direkte Konsequenzen für jeden Bürger hat. Wenn hier zugleich von verhinderter Innovation und einem »Schaden für die Wirtschaft« gesprochen wird, dann ist das blanker Hohn. Es ist nichts innovativ daran, Gesetze zu brechen. Es ist kein unternehmerischer Feingeist notwendig, um durch das Ignorieren von Regeln einen wirtschaftlichen Vorteil zu erlangen. Es ist einfach nur illegal und gegenüber allen anderen Marktteilnehmern eine unfaire Wettbewerbsverzerrung. Wäre Gesetzesbruch wirklich innovativ und ein wirtschaftlicher Coup, dann wäre die Mafia der innovativste Konzern der Welt. Mafiosi müssten am Cover jeder Wirtschaftszeitung gefeiert werden.

Die Lobbyisten dieser Konzerne vermischen die illegalen und halblegalen Geschäfte der Datenwirtschaft natürlich fröhlich mit dem sympathischen Kleinbetrieb ums Eck und coolen Start-Ups. Sie tun so, als ob arme Kleinunternehmer im täglichen Leben permanent an Innovationen und am Wirtschaften gehindert wären, weil der Datenschutz vermeintlich jedes neue Produkt im Keim erstickt. Witzigerweise kommen diese Argumente jedoch primär von den Großkonzernen, die selbst mit diesen Regeln in Konflikt geraten. Dass sich die Großen nun auf einmal so sehr um Innovation und die wirtschaftliche Potenz von Klein und Mittelbetrieben kümmern, stößt vielen Entscheidungsträgern nicht einmal ungut auf. Mit dieser Strategie versuchen die großen Datensammler unter dem Deckmantel der sympathischen Kleinbetriebe oder Start-Ups unliebsame Gesetze für sich selbst wegzubekommen und ihre zwielichtigen Geschäftsmodelle so dauerhaft abzusichern.

Weil das Argument »Weniger Datenschutz ist mehr Innovation« auf den ersten Blick auch logisch klingt, springen Medien und Politiker auf diesen Zug leider regelmäßig auf. Ein Zug, der aber nicht in Richtung Innovation und blühender Klein- und Mittelbetriebe fährt, sondern die massive Einschränkung unserer Privatsphäre als Endstation hat.

19. Wenn nichts mehr hilft, dann kommt der Terror

Der 11. September 2001 hat vieles in unserer Gesellschaft verändert. Es war nicht nur der größte, massivste und schaurig genial inszenierteste Terroranschlag der Geschichte, sondern vor allem auch der schockierende und wahllose Mord an mehr als 3.000 Menschen. Sprachlosigkeit und Hilflosigkeit waren allgegenwärtig. Auch weitere Terroranschläge zuvor und danach, wie jene in Madrid, London oder Norwegen, waren nicht weniger schockierend.

Die traurige Wahrheit ist, dass genau das Gleiche morgen vor Ihrer Türe passieren kann, in der nächsten U-Bahn, im nächsten Bus oder bei einem Konzert. Vermutlich wird es leider auch wieder passieren. Terrorismus ist ja schon seit den Römern bekannt und als Phänomen am Ende nicht bekämpfbar. Da können wir so viel »Krieg« gegen den Terror führen wie wir wollen, am Ende gibt es immer Personen, die sich radikalisieren und aus religiösen, ethischen, nationalistischen, politischen oder sonst irgendwelchen Gründen solche Anschläge begehen werden. Es braucht auch kein Netzwerk. Es reicht ein Wahnsinniger aus, der alleine in seinem Keller Bomben bastelt – und vermutlich gibt es in jedem Land mehrere Leute, die genau das jetzt tun, ohne dass wir es mit Sicherheit herausfinden oder aufhalten könnten.

Das kann natürlich kein Politiker so direkt sagen. Besonders unsere Innenminister müssen ja unseren Glauben an den Staat und an die Sicherheit aufrechterhalten. »Steigerung des Sicherheitsgefühls« nennen sie das dann. Die Wortkreation alleine verweist darauf, dass es nicht um die tatsächliche Sicherheit, sondern primär um das Gefühl in der Bevölkerung geht. Dies zeigt sich in der Anschaffung von Nacktscannern, die die echten Terroristen zwar leicht umgehen können, die Ihnen aber das Gefühl von Sicherheit geben, in der Installation von Videokameras, der Vorratsdatenspeicherung sowie dem Verbot von Wasserflaschen in Flugzeugen. Der Staat hat eine ganze Lawine von Maßnahmen zur Steigerung des Sicherheitsgefühls losgetreten. Je mehr er die Bevölkerung einschränkt, desto mehr hat diese das Gefühl, dass sich etwas tut und dass aus diesen Einschränkungen irgendein Sicherheitsgewinn herauskommt. Aktionismus ist dabei aber oft wichtiger als die Erarbeitung sinnvoller Maßnahmen.

Eine ethisch wirklich heikle Frage ist, wie weit das gehen soll. Was ist noch im Rahmen? Wenn wir jeden Menschen 24 Stunden überwachen, vom Arbeitsplatz übers Bett bis zum Klo, dann kämen wir totaler Sicherheit deutlich näher und würden die paar bösen Bombenbauer vermutlich finden. Natürlich will keiner eine solche 24-Stunden-Überwachung, vor allem wenn wir selbst betroffen sind. Je nach Land, Sicherheitslage, zeitlicher Nähe sowie Umfang des letzten Vorfalls sind wir aber bereit, gewisse Freiheiten der kollektiven Sicherheit zu opfern. Nur was ist die richtige Antwort auf die Frage »wie viel«?

Unsere Innenminister antworten mit hohlen Phrasen wie »jeder Tote ist einer zu viel«. Das stimmt natürlich, aber am Ende ist es eine inhaltsleere Totschlagphrase. Der frühere deutsche Innenminister Friedrich brachte einmal gegen grundrechtliche Bedenken sogar ein »Supergrundrecht Sicherheit« (sic) ins Spiel. Im Detail ist das zwar eine intellektuelle Luftverschmutzung, aber im Grundgedanken hatte er nicht ganz unrecht: Der Staat hat gegenüber seinen Bürgern durchaus die Pflicht, ihr Leben oder ihre körperliche Unversehrtheit zu schützen. Das Problem ist eher, dass der Minister das als »Supergrundrecht« betitelt hat und damit indiziert, dass Sicherheit über allem anderen steht. Damit sagte er genau das, was einige aus dem Sicherheitsapparat denken: »Die anderen Grundrechte können uns mal am Arsch lecken.« Die Grundrechtsabwägung stellen sich diese Leute anscheinend wie ein Kartenspiel vor. Da gibt es normale Karten und einen Joker. Der Joker ist die Sicherheit. Zumindest probieren sie das in der Öffentlichkeit so zu verkaufen.

Außerhalb der Gehirne von Pressesprechern und Sicherheitsberatern ist das aber natürlich leider nicht so leicht. Vor allem, weil wir hier regelmäßig in Rechte von vollkommen unbeteiligten Leuten eingreifen, die mit den Taten und Gefahren eigentlich nichts zu tun haben. Es ist am Ende eine Frage der Verhältnismäßigkeit, die die Verantwortlichen gerade bei Fragen um Leben und Tod lieber nicht ausdiskutieren, sondern mit irgendwelchen Argumenten totschlagen.

Aber was ist verhältnismäßig, wenn wir uns das genauer ansehen? Schlussendlich ist das eine Frage der persönlichen Präferenz zwischen zwei gegensätzlichen Interessen, aber wir können diesen weiten Graubereich zumindest eingrenzen. Die Juristen haben dazu ein recht sinnvolles System entwickelt, um schon einmal zwei Phänomene auszufiltern, die jedenfalls unverhältnismäßig sind:

Zunächst sortieren sie »untaugliche« Eingriffe aus. Das sind Eingriffe in ein Grundrecht, die das angestrebte Ziel nie erreichen können. Wenn wir durch den Eingriff nie bekommen können, weswegen wir den Eingriff rechtfertigen, kann das nicht verhältnismäßig sein. Wenn der Staat etwa durch Nacktscanner Bomben, die in Unterhosen von Flugpassagieren platziert sind, finden will, dann ist das technisch schlichtweg unmöglich, weil das Sicherheitspersonal auch mit den dabei eingesetzten Mikrowellen nicht zwischen die Beine blicken kann. Der Eingriff steht keinem möglichen Vorteil gegenüber und ist folglich unverhältnismäßig. Einfach gesagt: Der Zirkus ist vollkommen sinnlos. Logisches Ende dieser Diskussion.

Zweitens kann etwas nicht verhältnismäßig sein, wenn es »gelindere Mittel« gibt. Wenn ich Menschen gut mit einem Foto identifizieren kann, dann brauche ich nicht auch noch die Fingerabdrücke von jedem. Der Staat darf also in meine Rechte nur so weit eingreifen, wie es keine weniger eingriffsintensiven Alternativen gibt. Überspitzt gesagt: Wer einen Täter mit einem Warnschuss stoppen kann, darf keine Atombombe nach ihm werfen. Einfach gesagt: Man darf nicht mit Kanonen auf Spatzen schießen, das ist auch unverhältnismäßig.

Aber in vielen Fällen helfen diese beiden Ausschlusskriterien nicht, und wir müssen wirklich überlegen, was noch okay ist und was nicht. Das ist ein Balanceakt. Wir haben auf der einen Seite unsere Freiheit, unbeobachtet zu tun und zu lassen, was wir wollen. Auf der anderen Seite haben wir eine Gefährdung des Lebens unserer Mitbürger, und wenn es zufällig uns trifft, auch unseres Lebens. Wie würden Sie diese Interessen ausgleichen? Die Frage könnten wir trocken analytisch auch so stellen: Die Verhinderung wie vieler Toter erlauben wie starke Eingriffe in die Freiheit der anderen Menschen? Das ist natürlich sehr provokant gefragt, aber am Ende ist das genau die Abwägung, die wir machen: Wie viel Freiheit opfern wir auf der einen Seite, um auf der anderen Seite möglicherweise den Tod von Mitmenschen zu verhindern?

Die Zahlen sagen Folgendes: Wir hatten 2012 laut Europol acht Tote durch Terroranschläge in Europa. Davon wurden sieben Menschen von einem islamistischen Terroristen in Frankreich ermordet. Er hat erst Soldaten und dann Kinder in einer jüdischen Schule getötet. Der achte Tote war ein Imam in Brüssel nach einem Brandanschlag. Europol spricht in dem Bericht von hohen Zahlen. Im Vergleich waren 2012 aber eher wenige Opfer zu beklagen. Der Anschlag von Madrid 2004 kostete 191 Menschen das Leben, in London 2005 waren 56 Opfer zu beklagen und den Breivik Anschlägen 2011 in Norwegen fielen 77 Menschen zum Opfer. In den USA gab es den Boston Anschlag 2013 mit 3 Toten.

Nachdem wir nun die Zahlen kennen: Wie viel Freiheit würden Sie aufgeben, um diese getöteten Mitmenschen potentiell zu retten? Wie rechtfertigen Sie sich vor den Hinterbliebenen der Toten, wenn Sie Ihre Freiheit nicht opfern wollen? Was ist, wenn Sie selbst oder Ihre Familienmitglieder Opfer wären? Wenn Sie jetzt sagen, der Wert eines Menschenlebens geht über alles, dann ist das erst einmal logisch. Man kann das Ganze aber noch makabrer machen, indem man die Verhältnismäßigkeitsfrage beim Terror zu den toten Mitmenschen in Beziehung setzt, die wir sonst nicht verhindert haben: 2012 sind in der EU 28.000 Menschen dem Verkehr zum Opfer gefallen. In den USA waren es 34.080. Unglaubliche 8 Millionen Menschen sind 2012 verhungert, während allein in Deutschland 526 Menschen an ihrem Essen erstickt sind. Im gleichen Jahr wurden in den USA 14.173 Menschen ermordet, in der EU müssten es hochgerechnet zirka 4.500 sein. Ganze 400.000 Menschen sollen jährlich in der EU an den Folgen der Luftverschmutzung sterben. Weitere 475 Menschen kamen 2012 weltweit bei Flugunfällen ums Leben. In den USA werden pro Jahr zirka 34 Personen vom Blitz erschlagen, in Deutschland immerhin fast 3 Personen pro Jahr, auf die EU-Bevölkerung hochgerechnet müssten das dann ungefähr 19 Leute sein, also noch immer mehr als 2012 von Terroristen getötet wurden.

Viele dieser Todesfälle wären durchaus zu verhindern. Zum Glück arbeiten wir auch daran, aber trotzdem wägen wir in Wirklichkeit eiskalt ab. Wir wollen fliegen und Auto fahren, auch wenn wir dabei selbst sterben oder jemanden anderen überfahren könnten. Die Luftverschmutzung beschleunigt, laut diversen Studien, jedenfalls den Tod unserer Mitmenschen. Wir erlauben Menschen weiterhin, in die Natur zu gehen, auch wenn sie dabei nicht nur vom Blitz erschlagen, sondern auch durch Lawinen, herunterfallende Äste oder beim Skifahren getötet werden können. So makaber es ist, aber unser Leben ist uns oft gar nicht so viel wert. Es ist zumindest nicht so absolut geschützt, wie in der Theorie. Wir riskieren unseren Tod jeden Tag.

»Zu Tode gefürchtet ist auch gestorben« sagt die Volksweisheit. So direkt dürfen wir das aber nicht sagen, vor allem wenn es um Terror geht. Oder sagen Sie nach dem nächsten Terroranschlag: »Tja – ein freies Leben ist eben lebensgefährlich«? Mir würde ein kalter Schauer den Rücken runterlaufen, wenn ich das hören würde. Sie würden vermutlich eine Welle der Empörung ernten, was angesichts der Pietätlosigkeit auch nicht zu verdenken wäre.

Müssen wir also akzeptieren, dass Terrorismus weiter ein Totschlagargument bleibt? Ich glaube nicht. Ich glaube, wir können uns ein Beispiel an der extrem mutigen Reaktion des norwegischen Ministerpräsidenten Stoltenberg nehmen, der nach den Breivik Anschlägen sagte: »Unsere Antwort wird mehr Offenheit und mehr Demokratie sein«. Auf den ersten Blick eine paradoxe Reaktion. In Wirklichkeit aber nicht nur moralisch und ethisch sehr hochwertig, sondern auch logisch korrekt: Wir haben in den vergangenen Jahren genau jene Freiheit, Offenheit und Liberalität aufgegeben, welche der Anlass für viele der vergangenen Terrorakte war. In Wirklichkeit tun wir genau das, was einige wenige Wahnsinnige wollen. Wir lassen uns als Gesellschaft terrorisieren. Eine Gesellschaft, die hingegen an ihren Prinzipien festhält, ist nicht so leicht terrorisierbar. Derzeit verhalten wir uns aber wie ein Haufen verschreckter Hühner, die alle Prinzipen über Bord werfen – unsere »Sicherheitsminister« laufen dabei gerne vorneweg.

Natürlich bedeutet eine liberalere Reaktion nicht, dass man sich naiv zurücklehnt und keine Mittel ergreift, um Terrorakte zu verhindern. Auch ich will nicht frühzeitig von dieser Welt scheiden, weil ich zur falschen Zeit am falschen Ort war. Wir sollten mit dem »Kampf gegen den Terror« aber nicht so weit gehen, dass wir unsere Grundsätze panisch in hohem Bogen über Bord werfen. Denn genau das ist regelmäßig das Ziel des Terrors.

Vor diesem Hintergrund lässt sich auch recht entspannt an die Verhältnismäßigkeit herangehen. Ja, wir sollten Leben retten und Anschläge verhindern, aber kein Terror kann die Abschaffung unserer Grundrechte rechtfertigen. Wir müssen uns auf notwendige, gezielte Maßnahmen beschränken und den Totalumbau unserer Grundwerte beenden. Sicherheit und Terror sind als alles andere verdrängende Totschlagargumente nicht mehr aufrechtzuerhalten.

20. Bist du nicht für uns, bist du gegen uns!

Im Netz ist alles binär. Es gibt am Ende nur Nullen und Einsen. Ein »A« ist ja auch nur ein Produkt der Kette 01000001. Da ist es nur logisch, dass es auch bei allen Themen rund um Computer und IT nur binäre Antworten geben kann. Entweder eine Person ist gegen die Auswertung von Daten und für Datenschutz, dann läuft im Code ihres Hirns die Zeile »privacy_is_a_good_thing = true«. Oder eben nicht, dann ist im Hirn dieses Menschen die Variable »privacy_is_a_good_thing« auf »false« gesetzt. Binäre Variablen kennen eben nicht mehr Möglichkeiten als »richtig« oder »falsch«. Die einen sind für die Datifizierung unseres gesamten Lebens, die anderen dagegen. Punkt.

So oder so ähnlich laufen viele Debatten rund um den Datenschutz ab. Medien sind auch mit einer Schwarz-Weiß-Geschichte viel zufriedener als mit endlosen Abwägungen. Wie soll jemand auch 20 Dimensionen einer Frage in einen Zwei-Minuten-Sendeplatz stopfen? Die Lobbyisten der IT-Industrie kennen sowieso nur »Freund« oder »Feind«. Entweder wir lobpreisen die Konzerne, oder wir haben keine Ahnung und sind eindeutig bösartige Zukunftsverhinderer.

Zum Glück ist aber unsere Ethik, sind Abwägungen und politische Überlegungen abseits von Stammtischen nicht in eine 0 und 1 oder ein »richtig« und »falsch« zu quetschen, auch wenn es so schön einfach wäre. Wir müssen in Alternativen denken, gewisse Grautöne erlauben und die schwierige Übung der Differenzierung betreiben.

Dass ich selbst gerne neue Techniken nutze und die Vorteile voll anerkenne, brachte viele Leute zum Staunen. »Was? Du nutzt trotzdem Facebook? Und ein Smartphone?« Fast kam ich mir vor wie bei einer paradoxen Intervention, wenn ich Dinge nutzte, viele Dinge ausdrücklich begrüßte, aber gleichzeitig auch einzelne Punkte kritisierte. »Datenschützer sind doch gegen alles, was mit Daten gemacht wird, oder?«

Das ist natürlich nicht nur ein Problem des Datenschutzes. Jeder von uns will Strom sowie eine warme Wohnung haben und möglichst schnell von A nach B gelangen. Keiner will aber, dass die Erde in 100 Jahren ein Backofen wird und die Eisbären zu Langstreckenschwimmern werden. Die CO2-Debatte bringt aber beide Interessen in ein Spanungsverhältnis. Deswegen zerbrechen sich unzählige Menschen den Kopf, wie wir beides irgendwie unter einen Hut bringen können. Kein vernünftiger Mensch stellt sich jedoch hin und sagt: »Naja, wollen Sie nun entweder Strom und Transportmittel oder wollen Sie Klimaschutz?« Allein die Frage scheint absurd. Die Antwort wäre vielschichtig, voller Alternativen, Verbesserungsvorschläge und Abwägungen. Genau so müssen wir auch bei digitalen Themen antworten: analog. In Graustufen statt in Schwarz-Weiß.

Eine differenzierte Diskussion bedarf jedoch auch breiterer Allgemeinbildung, also viel Wissen, Aufklärung und Beschäftigung mit der digitalen Revolution. Daran mangelt es heute leider massiv. Die Frage wird an Experten delegiert, deren Aussagen dann auf ein paar Zitate verkürzt vorliegen. Die breite Masse muss sich weiterhin mit binären Nullen und Einsen als einzig mögliche Antworten abspeisen lassen.

Andere Taktiken und Phänomene

Als ob das tägliche »Bullshitting« nicht schon genug wäre, sehen wir auch noch viele andere Phänomene und Taktiken, deren Anwendung das Ziel hat, unsere Daten sukzessive vogelfrei zu machen. Ganz blöd sind die Unternehmen ja nicht, wenn sie an Ihre Daten kommen wollen. Viele hochbezahlte Leute versuchen den lieben langen Tag nichts anderes, als an diese Informationen zu gelangen. Da sind oft alle Mittel recht. Aber nicht alles sind ausgeklügelte Taktiken, oft sind es auch einfach Fakten, die diese Leute der Industrie in die Hände spielen.

21. Vom Zwang zur Einfalt

Keiner muss auf Twitter sein. Keiner muss eine Kundenkarte haben. Keiner muss auf Facebook sein. Keiner muss Google verwenden. Keiner muss den neuesten Messenger installieren. Keiner muss ein Smartphone besitzen. Keiner muss auf Webseiten gehen, die ihre Nutzer ausspähen. Keiner muss E-Mail haben. Keiner muss ein Telefon haben. Keiner muss Internet haben. Keiner muss seine Informationen an andere Leute weitergeben. Wieso regen sich die Nutzer also so auf?

Theoretisch stimmt das: Jeder kann morgen beschließen, Einsiedler zu werden. Realistisch gesehen ist aber ein durchschnittlicher Mensch, der sich nicht auf einer einsamen Almhütte abschotten will, sondern an unserer Gesellschaft aktiv teilnehmen möchte, gezwungen, viele dieser Dienste zu nutzen.

Natürlich können wir etwa auf Kundenkarten verzichten und frei nach dem Motto »Sind Sie IKEA-Family-Mitglied?« »Nein, noch hab ich meine eigene Familie« leben. Es ist verkraftbar, die paar Prozent nicht als »Treuebonus« zurückzubekommen, die wir zuerst als Aufschlag auf den Verkaufspreis gezahlt haben. Aber spätestens bei Kommunikationsdiensten ist Ende der Fahnenstange. Die Generation, die wehrhaft Handys verweigert hat, ist gestorben, oder wir haben sie wohl aus den Augen verloren. Gleiches gilt für Leute ohne E-Mail. In der Generation unter 30 gilt das für die wenigen Leute, die keinen Messenger am Handy und kein Facebook-Profil haben. Wenn Sie Journalist sind, ist Twitter praktisch Pflicht. Ein Bürohengst ist ohne Smartphone mit E-Mail Funktion praktisch kastriert. Die anderen Bürodaten sind sowieso in irgendeinem Cloud Dienst gespeichert, weil der Chef gehört hat, dass das jetzt alle machen – und da musste man natürlich auch dabei sein. Ein Student ohne Internet kann sich nicht mal zu seinen Kursen anmelden. Auf einigen Unis bekommen alle Studenten ihre Uni-Informationen nur in ihre von der Uni eingerichtete Google-Mailbox zugestellt. In Wirklichkeit haben wir zwei Optionen: mitmachen oder soziale Isolation.

Vielen Unternehmen geht es auch nicht besser: Wenn Sie als Unternehmen nicht auf Google gelistet sind, dann existieren Sie im Netz nicht. Viele Leute tippen lieber in das Google-Kästchen etwas ein, als die URL genau einzutippen. Ändert sich der geheime Google-Algorithmus, sind Sie sofort weg vom Fenster. Ohne Webseite, E-Mail und Telefon geht sowieso nichts. Smartphones, Vernetzung über Cloud-Dienste und teure proprietäre Software sind essentiell im Wettbewerb. Kennen Sie einen Grafiker, der ohne Adobe Photoshop arbeiten kann und ein Unternehmen, das sich OpenOffice und Ubuntu statt Windows oder iOS antut? Online-Werbung ist heute auch von wenigen Unternehmen dominiert. Ohne Werbung bei Google bekommen Sie heute fast keine neuen Kunden auf Ihre Webseite.

Viele Unternehmen haben sich auch für viel Geld eine Facebook-Seite eingerichtet und alle Kunden dort zu einem Klick auf »Like« gebracht. Das Ganze nur, damit sie ein paar Monate später feststellen mussten, dass Facebook auf einmal Geld für jedes weitergeleitete Posting wollte. Ein normales Posting sehen nämlich laut Marketing-Experten nur zirka 15-20% der Kunden, die eine Seite abonniert haben. Blöd für die Unternehmen und die Nutzer, die diese Updates haben wollten. Gut für Facebooks Börsenkurs. Facebook freut sich inzwischen auch über die Gratiswerbung, indem Unternehmen die ganze Welt, von Flyern über Plakate bis zum Fernsehen, mit Facebook-Logos überschwemmen. Facebook zahlt für diese Gratiswerbung keinen Cent.

In einem funktionierenden Markt wäre das nicht so schlimm, denn die Wunder der Marktwirtschaft würden uns viele Produkte und Optionen bringen, von denen wir uns jene aussuchen können, die für uns ideal sind. Ich würde zum Beispiel gerne ein soziales Netzwerk nutzen, dem ich 5 Euro pro Jahr zahle, was dem derzeitigen Umsatz von Facebook pro Nutzer entspricht, und dafür meine Daten sicher wissen und auch keine doofe Werbung ansehen müssen. Dieser Bedarf würde in einem idealen Markt auch sofort gedeckt werden, weil es vermutlich ein paar Hunderttausend Leute gibt, die da auch dabei wären. Unternehmen wären sicher auch nicht abgeneigt, wenn es soziale Netzwerke gäbe, in denen ihre »Follower« ihre Updates auch wirklich bekommen würden und es verschiedene Optionen am Werbemarkt gäbe.

Leider gibt es aber im Internet keinen idealen freien Markt wie aus dem Lehrbuch und damit auch keine endlosen Optionen. In der Realität haben wir es mit Quasi-Monopolen und maximal mit Oligopolen zu tun. Das Netz ist heute wie Monopoly am Ende des Spiels: Wenige Spieler haben alle Grundstücke, und egal was der Würfel anzeigt, man landet in der Scheiße.

Kaum ergibt sich eine gute Alternative, »schluckt« sie einer der wenigen Großen. Wir können uns daher aussuchen, ob unsere Smartphones von Apple oder Google kontrolliert werden. Wir können uns überlegen, ob unsere Computer mit Apple oder Microsoft laufen. Wir können uns über Twitter oder Facebook mit unseren Freunden austauschen. Speiben oder Erbrechen ist unsere Wahl.

Aber was ist mit all den Alternativen? Es gibt doch auch Linux, offene soziale Netzwerke wie Diaspora, alternative Handysysteme und all diese genialen Dinge, die diverse Idealisten hervorgebracht haben. Diese Systeme kranken aber, neben anderen Dingen, meistens an einem Problem: An der Marktmacht der bestehenden Monopole, die vor allem durch geschlossene Systeme entstehen.

Besonders offensichtlich wird das bei Kommunikationssystemen. Klassische Systeme wie Telefon, E-Mail, SMS oder das WWW sind offen, sie stammen auch oft aus einer Zeit, in der noch keine kommerziellen Ziele oder zumindest keine privaten Monopole an der Entwicklung beteiligt waren. Ich kann heute meinen Handybetreiber wechseln und morgen noch immer mit allen Freunden telefonieren, auch wenn diese bei meinem alten Betreiber sind. Ich kann selbstverständlich von einem E-Mail Provider zum anderen schreiben. Ich kann SMS von Wien nach Honolulu schicken, über alle Netze hinweg, und ich kann prinzipiell von jedem Internetanbieter aus auf jede Webseite weltweit zugreifen.

Wenn ich aber nun von Facebook auf ein anderes soziales Netzwerk wechsle, kann ich nicht mehr mit meinen Freuden auf Facebook schreiben. Ich kann dann zwar fröhlich meine Fotos im neuen Netzwerk hochladen, aber meine Freunde auf Facebook sehen davon nichts. »Sozial mit sich selbst zu sein« ist zwar bei einem Glas Wein in der Badewanne schön, aber nicht der Sinn eines Kommunikationsnetzwerks. Das Gleiche gilt, wenn ich eine alternative Messenger-App auf meinem Handy installiere. Löschen Sie WhatsApp und installieren Sie mal einen anderen Messenger. Wenn es gut geht, finden Sie zwei bis drei andere Leute, die ebenfalls diese Alternative verwenden.

Bei diesen geschlossenen Netzwerken setzt ein Mechanismus wie bei einem schwarzen Loch ein: Gewisse Anbieter erreichen eine kritische Masse, meist erst einmal in einem Land. Da ein großer Teil aller Nutzer bei diesem Anbieter ist, folgen auch alle anderen. Je mehr Nutzer das schwarze Loch schluckt, umso größer wird die Gravitation für alle anderen. Dieses Phänomen wiederholt sich dann meistens global, bis alle in einem schwarzen Loch gefangen sind.

Weil die USA den größten einheitlichen Heimatmarkt haben, sind die Chancen hoch, dass ein schwarzes Loch aus den USA die Nutzer aus anderen Ländern schluckt. Ein Hintergrund davon ist auch, dass die EU allein wegen der Sprachenvielfalt und wegen großer nationaler Unterschiede nie einen ähnlich einheitlichen Markt wie die USA darstellt. Europäische Alternativen bleiben meist auf ein paar Länder beschränkt und können selten groß genug werden, um ein internationales Gegengewicht zu sein. Genau das passierte etwa bei sozialen Netzwerken: Erst setzten sich Facebook in den USA und StudiVZ im deutschsprachigen Raum gegen die jeweiligen nationalen Konkurrenten durch. Dann kam der Punkt, an dem das kleine deutsche Netzwerk seine Nutzer gegenüber der Anziehungskraft von Facebook mit einer riesigen internationalen Nutzerzahl nicht mehr halten konnte, und die Nutzer wanderten in Scharen zu dem Netzwerk, in dem ihre internationalen Freunde waren. Nachdem bald auch die meisten deutschsprachigen Nutzer auf Facebook migriert waren, gab es keine Nutzer mehr für StudiVZ. Versuche der Wiederbelebung waren erfolglos: Nach der Theorie sind schwarze Löcher schwarz, weil nicht einmal das Licht wieder rauskommt. Das gilt auch für geschlossene Netzwerke.

Am Ende waren alle alternativen Anbieter ein Abschreibposten für die Investoren. Entstehen jedoch neue Anbieter, die auch nur irgendwie gefährlich werden könnten, kaufen die bestehenden Riesen die »Gefahr« schnell auf und integrieren sie so ins schwarze Loch. Das haben wir bei den Übernahmen von Instagram und WhatsApp durch Facebook gesehen, die ein alternatives elektronisches Netzwerk aufgebaut hatten. Wirtschaftlich ist das nur logisch und eine vollkommen richtige Strategie. Für einen funktionierenden Markt, der innovative, alternative und vielfältige Angebote liefern sollte, ist es jedoch ein Todesstoß.

Wir haben es also im Netz regelmäßig mit klassischem Marktversagen zu tun, wie wir es in jedem Anfängerlehrbuch für Wirtschaft finden können. Viele Mechanismen, die wir heute im Netz sehen, sind nichts anderes als Lehrbuch-Kartelle oder eine strategische Ausnützung von marktbeherrschenden Stellungen.

Ein Blick in die Geschichte reicht aus, um die Parallelen zu den privaten Eisenbahn- oder Ölmonopolen in den USA zu sehen. Damals war dies übrigens auch die Zeit der neuen Milliardäre. Bei Kommunikationssystemen brauchen wir nur in die Geschichte des Telefonkonzerns AT&T zu blicken, der gemeinsam mit seinen »Bell«-Tochterfirmen Jahrzehnte lang ein Monopol auf das Telefonnetz in weiten Teilen der USA hatte, bis er in den 1980ern zerschlagen wurde. Schon bald nach dem Entstehen dieser Monopole reagierten die USA mit Regulierungen, die unter anderem die Netzöffnung und Interoperabilität mit den kleinen Konkurrenten vorsahen.

Europa war damals deutlich radikaler und verstaatlichte kurzerhand private Eisenbahnen, Straßenbahnen, Strom- oder Telefonnetze. Eine Option, die heute nicht mehr wirklich realistisch ist, auch wenn sie einige Experten auch für Google und andere ventilieren. Eine umfassende Regulierung und diverse Pflichten zur Netzöffnung sind jedoch auch heute noch in Europa sehr weit verbreitet und als legitim anerkannt.

Aber zurück zur Situation im Internet: Aus den Monopolen in der IT folgt, dass keines der Unternehmen Interesse hat, einen für ihn weniger günstigen Dienst anzubieten, der zum Beispiel Datenschutz ernst nimmt, weil es schlichtweg keinen Marktdruck gibt. Bei den diversen Duopolen ist klar, dass keines der dominanten Unternehmen Interesse hat, den ersten Schritt zu tun, denn jeder weiß, es würden am Ende nur beide draufzahlen, wenn sich einer von ihnen im Interesse der Nutzer bewegt. Also spielen die Unternehmen Mikado und rühren nichts an, das die eigene Position schwächen könnte.

Der Blöde ist der Nutzer, da dieser schlichtweg keine Wahl hat. Er ist de facto gezwungen, seine Daten »freiwillig« herzugeben. In der Praxis sieht das so aus: Sie kaufen sich für viel Geld einen Computer oder ein neues Handy. Sie machen ganz glücklich die Box auf und drücken auf den Schalter. Sofort kommt ein Bildschirm mit Bedingungen und Datenschutzbestimmungen. Diese sind meist so lang, dass, Sie vermutlich ihren Finger bis zum Knochen durchgewetzt hätten, würden Sie wirklich bis ans Ende des Textes scrollen. Was aber viel wichtiger ist: Wenn Sie nicht auf »Zustimmen« klicken, dann können Sie das teure Ding schichtweg nicht nutzen. Sie haben also die Wahl, »freiwillig« der Auslesung ihrer Daten zuzustimmen, oder Sie können das neue Smartphone wegschmeißen.

Die »Freiheit« der Konsumenten ist daher eine der größten Lügen der IT-Industrie im Kampf um unsere Daten. Umgekehrt gedacht wird das besonders klar: Keiner würde sich zu einer Software, die er braucht, auch gleich das »Gratis Erweiterungspaket Google-Überwachung« bestellen, wenn er die Wahl hätte. Kein Mensch geht in ein Geschäft und sagt: »Bitte, ich will das Handy von dem Hersteller, der am meisten Daten von mir absaugt.« Keiner, der halbwegs bei Sinnen ist, will das. Der Durchschnittsnutzer hat nur einfach keine realistische Alternative. Er bekommt die Produkte und Dienste nur im Paket mit Überwachung und Veruntreuung seiner Daten. Take it or leave it. Wenn die Unternehmen nun so tun, also ob die Nutzer die Freiheit hätten, nicht überwacht zu werden, dann ist das blanker Hohn.

Eine solche »freie« Wahl ist daher in den meisten Fällen keine freiwillige Entscheidung und steht schon allein deswegen auf wackeligen Beinen, unabhängig von den vielen anderen Gründen, die eine Zustimmung ungültig machen. Wenn ein Nutzer zwischen »Datennutzung« und »keiner Datennutzung« bewusst und frei die Datennutzung wählt, zum Beispiel, um persönliche Werbung anstatt Standardwerbung zu bekommen, dann geschieht das freiwillig. Wenn er sich jedoch zur Strafe dafür von einer Kommunikationsform, einer Technologie oder Ähnlichem ausgeschlossen sieht falls er nicht zustimmt, dann ist das keine »freie« Entscheidung mehr. Es ist schlichtweg Zwang.

Eines der vielen Probleme dieser Alternativlosigkeit ist, dass unsere Rechte immer schwerer durchsetzbar sind. In der Realität wurde Datenschutz bis dato stark durch »öffentliches Anschütten« von Unternehmen und staatlichen Stellen durchgesetzt. Die »Big Brother Awards« tun genau das: Wer massiv über die Stränge schlagt, bekommt einen Negativpreis. Die Presse berichtet, der Ruf leidet darunter, und in der Praxis verschwinden so manche Probleme still und leise in den Monaten nach der Preisvergabe. In einem harten

Wettkampf kann sich kein Unternehmen schlechte Presse leisten. Es reagiert auf berechtigte Kritik und braucht keinen Gang zum Gericht. Was hingegen bei Monopolen passiert, können wir anhand unseres Falls mit Facebook leicht sehen. Bei uns reagierte Facebook vollkommen umgekehrt auf die Presse, die über unseren Fall berichtet hat. Facebook schwieg, ignorierte und mauerte. Selbst als der Fall in allen Medien die Titelseiten zierte, sagte Facebook nichts. Maximal schickte das Unternehmen Journalisten nichtssagende Zweizeiler, unterschrieben vom fünften PR-Abteilungs-Zwerg von links.

Wie kann ein Unternehmen einfach schweigen, wenn unzählige Daten auftauchen, die es eigentlich gelöscht haben sollte? Wenn die Öffentlichkeit ihm vorwirft, massenhaft Gesetze und Grundrechte zu brechen? Wie kann Facebook in einer Medienwelt so massive Kritik einfach ignorieren? Ganz einfach: Facebook dachte sich: »Wir wissen, dass ihr uns nicht mögt und dass das für euch ein Problem ist. Aber wo wollt ihr denn sonst hingehen?« Und sie hatten damit vollkommen recht!

Viele finden Facebook als soziales Netzwerk toll – auch ich. Davon zu trennen ist aber Facebook als Konzern und Betreiber dieses Netzwerks. Wenige in Europa finden dieses »Unternehmen Facebook« wirklich toll. Das Image ist, gelinde gesagt, eher überschaubar positiv. Trotzdem sind fast alle dort, weil Facebook eben ein faktisches Monopol hat. Damit prallt auch jede Kritik ab. Es ist vollkommen egal, ob die Leute einen mögen, ob sie freiwillig dabei sind, ob das Unternehmen einen guten Dienst anbietet, innovativ und kundenorientiert arbeitet, wenn es erst einmal ein Monopol hat.

22. Salamitaktik

Wenn es darum geht, jemandem etwas wegzunehmen oder etwas Neues unterzujubeln, ist die Trägheit der Menschen ein guter Verbündeter. Die sogenannte »Salamitaktik« nützt das aus: Hier gilt es, wie bei einer Wurst Schritt für Schritt ein kleines Stück eines Rechts oder einer Freiheit abzuschneiden. Das einzelne Stück ist nie so schlimm, dass der Betroffene ernsthaft protestiert. Nach ein paar Hundert Scheiben ist jedoch auch die längste Salami weg.

Neu oder besonders ausgetüftelt ist das nicht. Es ist so, wie unsere Freunde oder Partner, die neben uns sitzen, ihren Löffel auspacken und »eh nur ein kleines Stück« unserer Nachspeise haben wollen. Auf den ersten Bissen folgt der nächste, bis wir am Ende fast nichts mehr haben. Keiner der Bissen, der unseren Teller verlassen hat, ist jeweils das große Drama. Hätte uns die Person aber gefragt, ob sie mal den Großteil abschneiden kann, hätten wir vermutlich gesagt: »Bestell dir halt selbst noch etwas!« und lieber nichts abgegeben.

Diese Taktik des schleichenden Verlusts ist auch sehr beliebt, wenn es um unsere Informationen geht: Ein Bissen für die Terrorangst, ein Bissen für die Bekämpfung der Steuersünder, ein Bissen für die Bequemlichkeit, ein Bissen für die Effektivität, noch ein Bissen für die Kriminellen, noch ein kleiner Bissen für die relevantere Werbung, ein Bissen für die Verkehrssicherheit, einer fürs E-Mail, ein Bissen für die Suchmaschine, einer für den neuen biometrischen Reisepass, ein Happen für die Kreditwürdigkeit... Wo ist die Grenze, bis Sie Ihren Kuchen für sich haben wollen? Oder sind uns die letzten übrigen Krümel dann auch schon egal?

Ein kleines Beispiel für das Vorgehen in vielen Ländern: Seit dem 11. September 2001 gab es in Österreich 26 (!) Novellen des Sicherheitspolizeigesetzes. Dieses Gesetz erlaubt der Polizei und dem Inlandsgeheimdienst, grob gesagt, tätig zu werden, noch bevor ein Verbrechen geschehen ist.

Nicht alle diese Novellen waren schlecht, einige waren auch positiv oder wegen diverser externer Vorgaben notwendig. Die generelle Richtung ist aber eindeutig: Unter den Novellen findet sich die Einführung von »Kennzeichenerkennungsgeräten«, mit denen die Polizei alle Autos auf einer Autobahn erfassen kann, sowie die Videoüberwachung öffentlicher Plätze und das Einklinken in private Videokameras oder die Nutzung von »IMSI Catchern«. IMSI-Catcher sind Hacking-Systeme, die sich zwischen den Handymast und das Handy einklinken und damit das Abhören eines Handys ohne Mithilfe des Telekomunternehmens ermöglichen. Natürlich sollten diese Geräte nur zu hehren Zwecken wie der Suche nach vermissten Skifahrern in den Alpen verwendet werden, in der Realität sind die Dinger aber deutlich zu groß, um sie auf Berge schleppen zu können. Der Zugriff auf Vorratsdaten ist ebenso gekommen wie die Verwendung von Peilsendern. Auch diverse Sonderregelungen für die Fußball EM 2008 wurden zur Dauerinstitution.

Wäre das alles an einem Tag gekommen, wäre der politische Aufschrei der NGOs und Juristen gewaltig gewesen. Doch die große Aufregung blieb aus, denn es kam Stück für Stück im Meldungsblock der Abendnachrichten: Salamitaktik par excellence.

Genau das Gleiche machen auch die großen IT-Unternehmen. Sie ändern ihre Produkte und Bestimmungen mehrmals pro Jahr. Immer geht es ein Stück weiter, aber immer nur so wenig, dass es jeweils unter dem Radar der allgemeinen Aufregung bleibt. Beim Vergleich der Bestimmungen über die Jahre hinweg ist die erschreckende Entwicklung aber sofort erkennbar.

Besonders schön bringt das eine Grafik von einem gewissen Matt McKeon auf den Punkt. Sie zeigt die Veränderung der Privatsphäre Einstellungen von Facebook zwischen 2005 und 2010. Jedes Jahr sind immer mehr Daten der Nutzer immer weiteren Teilen der Welt offen gestanden, bis am Ende praktisch jedermann alle Daten abrufen konnte. Die Salamitaktik hat perfekt funktioniert. Die Leute machten anfangs mit, weil das Unternehmen die Daten ohnehin nicht teilte und dann baute es Schritt für Schritt den Schutz ab. Die Trägheit der Masse erledigt den Rest – wie praktisch.

Es geht aber noch schleichender: Facebook rollt neue Produkte beispielsweise über Monate aus. Es stellt also jede Stunde nur ein paar Tausend neue Nutzer um. Damit ergibt sich nie eine kritische Masse für einen der im Netz so gefürchteten »Shitstorms«. Gibt es doch massive Kritik, dann kann das Unternehmen reagieren, bevor der Vorgang eine breite Masse betrifft. Das ist wie bei einem Experiment mit gefährlichen Substanzen: Erst einmal kommt die Probe mit ein paar Versuchstieren, um die Reaktion zu sehen. Die Salami wird zuerst in eine Milliarde Salamis zerteilt, um danach dort eine Scheibe nach der anderen abzuschneiden: Salami-Taktik zum Quadrat. Bei IT-Systemen ist dies alles leicht möglich und beinhaltet nur ein paar Zeilen Code.

Nachdem wir jetzt einmal durch die Strategien der Konzerne und Staaten gegangen sind, vergleichen Sie doch mal Ihre persönliche Freiheits-Salami mit jener aus dem Jahr 2000 – wie lang ist sie noch?

23. Heimlich, still und leise

Beim Wort Überwachung denken die meisten von uns heute an dicke Kameras, große Augen, die aus Türschlössern oder dem Computer sehen, oder Polizisten, die mit Schlapphut an der Ecke stehen. Auch beim viel zitierten Schreckgespenst »1984« von George Orwell ist klar: Die Kontrolle ist omnipräsent. Die Drohnen fliegen in den Straßen, die Teleschirme stehen überall herum.

Unsere heutige Wirklichkeit sieht aber anders aus: Der größte Teil der heutigen Überwachung ist unsichtbar, versteckt und leise. Wir haben kein omnipräsentes Terrorregime, das uns sichtbar einschränkt, wir haben eher ein non-präsentes Phänomen, das sich unbemerkt in unser Leben einschleicht.

Stellen Sie sich vor, Sie gehen in einen Supermarkt, und ein Mitarbeiter postiert sich neben dem Regal mit einer analogen Kamera und macht jede Sekunde ein Foto von Ihnen. Sie würden das vermutlich niemals dulden. Sie würden ihn zur Rede stellen und nie wieder dort einkaufen. Wenn das Gleiche aber durch eine Kamera hinter einer kleinen verspiegelten Kuppel an der Decke passiert, ist es Ihnen vermutlich egal. Es ist Ihnen vermutlich auch egal, wenn am anderen Ende der Leitung ein Mensch sitzen würde, der sich das Ganze auf einem Bildschirm ansieht, denn Sie sehen nicht, wie dieser Mensch Sie verfolgt.

Auch die Vorratsdatenspeicherung war politisch nur möglich, weil sie im Prinzip unbemerkt passiert. Stellen Sie sich vor, Sie rufen einen Freund an und nicht dieser, sondern ein Beamter hebt ab und erklärt Ihnen: »Guten Tag! Wegen der Vorratsdatenspeicherung müssten Sie mir kurz sagen, wo Sie sind, wen Sie anrufen, dessen Nummer, welches Handy Sie dafür benutzen, Ihren Namen, Ihre Nummer und die genaue Uhrzeit, damit ich Sie durchstellen kann. Ach ja: Und bitte noch die Dauer des Gesprächs melden, wenn Sie fertig sind! Danke für Ihre Mitarbeit!« Eine vollkommen absurde

Vorstellung. Eine Erhebung genau dieser Daten passiert aber heute in vielen westlichen Demokratien, wenn Sie auf den grünen Knopf auf Ihrem Handy drücken, und zwar vollkommen unbemerkt.

Genau das Gleiche passiert bei der Datensammlung durch private Unternehmen. Google-Mail durchsucht die Inhalte aller E-Mails, die über Google-Konten laufen. Auch wenn Sie einen anderen Anbieter haben, dann müssen Sie ab und zu an jemanden mit einer Google-Adresse schreiben. Auch diese E-Mails sind dann erfasst und Google-Mail durchsucht sie nach Verwertbarem. Das passiert heute täglich Millionen Mal. Stellen Sie sich nun vor, dass die Post einfach jeden Brief aufreißen würde, den Inhalt scannt, in einem großen Datenzentrum speichern und Ihnen morgen mit einem Mahnschreiben die passende Werbung für die Schuldnerberatung mitschicken würde. Im ganzen Land wären die Postfilialen vermutlich von Protestcamps umzingelt. Warum passiert das bei Google nicht? Der Unterschied ist eigentlich nur, dass Sie bei der Post physisch Ihr aufgerissenes Kuvert sehen würden, bei Google-Mail sehen Sie das nicht. Faktisch besteht aber kein Unterschied.

Auch Facebook fragt nicht: »Mit welchem Handy hast du dieses Foto aufgenommen? Wann und wo war das? Von welcher IP-Adresse lädst du dieses Foto hoch?« Es sammelt die Daten einfach aus den Metainformationen der Fotodatei und den Verbindungsprotokollen. Facebook legt ganze Datenkategorien im Geheimen über jeden Nutzer an. So hat Facebook zum Beispiel eine Kategorie namens »Last Location«. Darin wird aus allen möglichen Daten errechnet, wo sich der Nutzer vermutlich zuletzt aufgehalten hat, auch wenn er nie eine Ortsangabe gemacht und nicht einmal die GPS-Funktion am Handy aktiviert hat. Bei mir waren das die Koordinaten meiner Universität in den USA, dort loggte ich mich zuletzt von einer festen IP-Adresse ein, als ich die Kopien meiner Daten angefragt hatte. Es gibt nachweislich einige andere solcher geheimen Datensammlungen, nur sehen das die Nutzer nicht, wenn sie sich einloggen.

Bei Konferenzen oder Vorträgen waren die meisten Zuhörer, darunter oft Anwälte, Professoren oder Experten, vollkommen überrascht, als ich solche Dinge berichtete und vor allem eine Kopie der Originaldaten zeigte. Nicht, weil das keiner vermutet oder weiß, sondern weil es keiner der Zuhörer im vollen Umfang, schwarz auf weiß, gesehen hat. Der Standardsatz der Moderatoren nach einem solchen Vortrag ist: »Also nachdem ich das jetzt gehört habe, überlege ich mir das mit Facebook noch einmal!« Nur die Informatiker und Techniker sind nicht weiter verwundert. Sie sind die Einzigen, die eine Ahnung davon haben, was manche Unternehmen heimlich, still und leise so alles sammeln. Der Rest realisierte es erst, als sie Auszüge aus den Originaldaten sahen.

Warum ist es für uns aber unerträglich, dass uns jemand mit einer analogen Kamera im Supermarkt verfolgt, jedoch kein Problem, wenn das Gleiche durch eine Überwachungskamera an der Decke passiert? Warum würden die meisten dem Überwachungsbeamten am Telefon nie sagen, wo sie sind, wer sie sind und wen sie anrufen, aber wenn das Gleiche unter dem Titel »Vorratsdatenspeicherung« in einem Rechenzentrum beim Provider passiert, regt uns das nicht mehr so auf?

Ich glaube, unsere Wahrnehmung ist hier schlichtweg vollkommen überfordert. Was ein Mensch nicht direkt sieht und nicht angreifen kann, existiert nicht für ihn, oder es existiert zumindest weniger stark. Unsere Emotionen beschränken sich auf das Sichtbare, das Greifbare und das Unmittelbare. Wir sind zwar durchaus empört, wenn wir sehen, wie Menschen in fernen Ländern misshandelt, getötet oder gefoltert werden, würde es aber in unserem Wohnzimmer passieren, wäre der Schock so tief, dass wir vermutlich eine Weile ein Fall für den Psychiater wären.

Genau das ist eines der größten Probleme im Bereich Datenschutz. Man kann die Durchleuchtung der Menschen nicht sehen, nicht berühren, nicht essen, nicht schmecken. Ein bekannter Fernsehmoderator antwortete bei einer Podiumsdiskussion auf meine Frage, warum das Thema so stiefmütterlich behandelt werde: »Wie filmen'S denn Datenschutz? Ohne Bilder gibt es keinen Beitrag.« Genau diese Antwort bringt es auf den Punkt: Wir reden von einem realen Problem, das für uns aber nicht unmittelbar wahrnehmbar ist. Damit gleicht es auch anderen Problemen, die wir irgendwie schizophren angehen, wie den Klimawandel oder die Atomenergie.

In unserem Verfahren gegen Facebook reagierten wir auf dieses Sichtbarkeitsproblem mit einem Stoß von 1.220 Seiten ordinären weißen Papiers. Immerhin hatte ich ein PDF mit 1.222 Seiten von Facebook bekommen. Dieser Stoß Papier war endlich fassbar. Er wurde hunderte Male gefilmt, abgedruckt oder beschrieben. Der Stoß war es vielen TV-Teams wert, aus ganz Europa oder aus den USA nach Wien zu fliegen. Der Datenhunger, die Maßlosigkeit waren endlich sichtbar, angreifbar und für einen Normalbürger verständlich geworden. Zusätzlich gab es noch einen Protagonisten. Eine Fresse. Diesen Studenten konnte man filmen, er konnte sagen, was da genau gemacht wird und konnte das auch ausdrucken und filmen lassen. Das abstrakte »Die tun da irgendwas Böses« wurde zu einem konkreten »Die haben nach 3 Jahren wenig Nutzung diesen Haufen und darin findet man A, B, C…«. Aus dem virtuellen Bruch unserer Rechte wurde wieder ein greifbarer Fall.

Natürlich ist das auch eine Bankrotterklärung vieler Medien, die genau solche abstrakte Themen für den Zuseher, Leser oder Hörer fassbar machen sollten. Im Medienalltag ist das aber oft viel zu kompliziert und zeitintensiv. Statt Virtualisierungen und verständlichen Erklärungen, was genau passiert, müssen oft Archivbilder von Netzwerkkabeln, Servern und Überwachungskameras herhalten, während ein Sprecher irgendwelche Phrasen drischt. Besser wurde es erst mit der Aufdeckung der NSA-Überwachung, aber auch hier konzentrierten sich einige unverbesserliche Journalisten eher auf Edward Snowden, den fassbaren und filmbaren Überbringer der

Nachricht, als auf die abstrakte Nachricht oder die komplizierten Dokumente selbst.

Wenn Sie sich aber das nächste Mal fragen, ob Ihnen eine Form der Datenverarbeitung noch recht ist oder ob ein Bekannter das alles wirklich nicht so schlimm findet, ist der passende Analogvergleich immer ein guter Test. Wie würde das Gleiche mit sichtbarer Technik aussehen? Würde ich meine Post wie meine E-Mails durchsuchen lassen? Würde ich mich permanent fotografieren lassen? Würde ich mein Surf- oder Telefonverhalten auf einem Zettel protokollieren lassen? Dann fragen Sie am besten nochmal Ihr Bauchgefühl, ob sie mit einem solchen analogen Eingriff auch einverstanden sind. Auch ich arbeite gerne mit dieser Übersetzung in die traditionelle Welt, denn hier funktioniert unser Bauchgefühl recht gut. Ob wir jemals ein funktionierendes Bauchgefühl für abstrakte digitale Vorgänge bekommen, wird sich weisen. Heute fehlt es uns regelmäßig.

Jedenfalls müssen wir uns aber von der Vorstellung verabschieden, dass wir die Bedrohung sehen werden, weil sie nicht wie die Stasi in einem großen grauen Haus in der Hauptstadt sitzt, an jeder Ecke steht, in unseren Wohnungen von der Decke hängt oder uns sonst irgendwie offensichtlich unterwandert. Heute sitzt die Bedrohung im Code unserer Geräte, an einem Netzwerkknoten oder in einem Schaltkreis eines Servers, der irgendwo auf der Welt in einer großen, fensterlosen Halle, heimlich, still und leise vor sich hin surrt.

24. Macht es noch komplizierter!

Wenn wir unser Gegenüber nur lange genug studieren, können wir es recht gut steuern. Sie kennen das vielleicht aus Ihrer Arbeit, von Freunden oder aus Ihrer Beziehung. Ein Verkäufer weiß, wenn er gut ist, mit welchen Schlüsselworten er die Kunden zum Kaufen bringt, wie er Leute überzeugt, die eigentlich gar nichts kaufen wollten.

Genau das kann auch die IT-Industrie sehr gut. Neben hoch entwickelten Verführungskünsten gibt es dabei auch einen sehr banalen Ansatz: Die Industrie macht es unglaublich kompliziert, Daten nicht zu teilen, und unglaublich einfach, alles abzuliefern. Ich habe mir einmal einen Optionsbaum, also ein systematisches Diagramm aller Privatsphäreeinstellungen von Facebook, auf einer A4-Seite ausgedruckt. Es gab so viele Verzweigungen, Untermenüs, Untereinstellungen und Optionen, dass sie auf einer A4-Seite am Ende nur noch unlesbar klein waren. Je heikler die Einstellung ist, umso tiefer verpackt Facebook diese in irgendein Untermenü. So tief, dass der Nutzer die Einstellung, wenn es gut geht, nie wieder findet.

Die Standardeinstellungen sind natürlich extrem ungünstig für den Nutzer. Bei Facebook bedeutet das, dass praktisch alles öffentlich im Netz steht. Der Chef von Facebook meinte in einem Interview, das läge daran, dass die Nutzer alle ihre Daten frei im Netz herumfliegen lassen wollten – die Studie, die das irgendwie belegt, würde ich gerne sehen.

IT-Unternehmen haben ganze Teams von Analysten, die nur beobachten, wo Nutzer draufklicken, welche Wege sie durch Menüs nehmen und wo wie viele Leute »verloren gehen«. Die Verantwortlichen des Webshops optimieren alles so, dass möglichst viele der Kunden am Ende auf »kaufen« klicken. Das Unternehmen optimiert dafür jeden Button, jede Option und jedes Designelement. Wenn es aber um die so viel gepriesene Eigenständigkeit des Nutzers beim Datenschutz geht, schöpft es alle Möglichkeiten aus, um ihn zu behindern.

Facebook verschickt, wie viele Unternehmen, unzählige E-Mails an die eigenen Nutzer. Nun ist es jedoch unmöglich, einfach alle E-Mail Nachrichten von Facebook abzustellen. Nein, Facebook erfand unzählige verschiedene »Arten« von Benachrichtigungen, derzeit gibt es unglaubliche 71 (!) verschiedene Benachrichtigungsarten auf Facebook. Abdrehen war »leider« nur möglich, wenn der Nutzer jede einzeln abbestellt. Ein wahrer Klickmarathon für den Nutzer, der einfach nur keine E-Mails bekommen will. Da aber anscheinend zu viele Nutzer diesen Marathon erfolgreich absolvierten, erfand Facebook einfach neue Kategorien, die es der Liste neu hinzufügte und natürlich automatisch aktivierte.

Ein anderes Beispiel: Als herauskam, dass Facebook gelöschte Freunde nicht löschte, sondern als »gelöschte Freunde« illegal weiter speicherte, griff Facebook zu einem anderen Trick: Es speicherte nun statt der gelöschten Freunde das Faktum, dass der Nutzer seinen Freund gelöscht hat. Statt die Daten illegal im Hintergrund zu speichern, erzeugte Facebook einfach Metadaten. Nach dem Löschen der Daten fand der Nutzer dann den Eintrag »Nutzer A hat Nutzer B gelöscht«. Die Information, dass A und B befreundet waren, ist damit trotz Löschung gerettet. Will der Nutzer diese Information löschen, muss er die Löschung wiederum löschen.

Das ist kein Witz, das ist das System. Natürlich kann der Nutzer das endlos weiterspielen und Facebook könnte dann Metadaten über die »Löschung der Löschung der Löschung der Freundschaft zwischen A und B« anlegen, die Sie dann wieder löschen könnten. Am Ende sitzen Sie als Nutzer immer am kürzeren Ast. Damit das Ganze noch obskurer wird, ist die »Löschung der Löschung der Freundschaft zwischen A und B« nur im »Activity Log« möglich. Das ist eine Seite, die tendenziell noch kein Nutzer jemals angeklickt hat. Am Ende ist es also so kompliziert, dass Facebook sicher sein kann, dass praktisch alle »gelöschten« Freunde weiter in der Datenbank gespeichert sind.

Aber es geht noch absurder: Bei anderen Daten, die Facebook nachweislich nicht gelöscht, sondern nach dem Löschen für den Nutzer einfach nur »unsichtbar« gemacht hat, griff Facebook zu einer noch einfacheren Lösung, und zwar zur Umbenennung der Knöpfe von »Entfernen« auf »Verstecken« über Nacht. Nutzer konnten damit schlichtweg Ihren Wunsch nach Löschung nicht mehr artikulieren und sich damit auch nicht aufregen, dass Facebook die Daten nicht gelöscht, sondern eben nur versteckt hat. Facebook sah darin kein Problem, die irische Datenschutzbehörde auch nicht. Später führte Facebook dann in Untermenüs wieder eine Löschfunktion ein, aber ob die Dinge danach wirklich gelöscht sind oder erst recht nur unsichtbar, bleibt fraglich.

Der Erfolg dieser Strategie gibt den IT-Unternehmen recht: Ein großer Teil der Nutzer ändert die Standardeinstellungen nie. Was also auch immer die Unternehmen in irgendeinem Untermenü verstecken, hat gute Chancen, nie verändert zu werden. Denken wir jetzt noch jene Nutzer hinzu, die Mühe haben, überhaupt das Internet zu nutzen, dann wird klar, wie pervers dieses Versteckspiel ist.

Wenn Sie sich also nächstes Mal ärgern, dass Sie eine Einstellung nicht finden oder dass alle möglichen Funktionen aktiviert sind und Sie diese mühsam deaktivieren müssen, oder wenn Sie an Ihrer Zurechnungsfähigkeit zweifeln, weil Sie irgendeine Einstellung einfach nicht finden können, dann geben Sie nicht auf und beißen Sie sich durch, denn Facebook spekuliert genau auf dieses Ende Ihrer Geduld.

25. Privatisierung der Überwachung

Viele Menschen denken beim Thema Überwachung noch immer primär an den Staat. In unserer Vorstellung hat der Staat das Gewaltmonopol und die Macht, den Bürgern das Leben zu erschweren – sonst keiner. Doch in vielen Bereichen stimmt das nicht mehr. Viele Konzerne sind deutlich stärker als unsere Staaten, vor allem wenn wir in kleinen Staaten leben. Aber auch für die USA wurde zum Beispiel von JP Morgan errechnet, dass allein das damalige iPhone 5 für ein halbes Prozent des US-Bruttoinlandsprodukts verantwortlich sein soll. Viele der Unternehmen haben heute einen Börsenwert und Umsätze, die vergleichbar mit Kennzahlen von ganzen Staaten sind.

Als der deutsche Innenminister Friedrich mit Facebook über Datenschutz verhandelte, wusste jeder, dass das eine reine Show war, die beiden Seiten nur etwas positive mediale Aufmerksamkeit bringen sollte. Facebook sitzt in Irland, Deutschland kann also nicht wirklich etwas tun. Irland erholt sich wiederum mühsam von einer Finanzkrise und ist extrem von Technologieunternehmen abhängig. Wie viel Geld die Sitzverlegung dieser IT-Unternehmen nach Irland dem Staat gebracht hat, ist nicht genau belegt, man findet jedoch Zahlen von zirka 4,5% des Bruttoinlandprodukts Irlands. Wenn wir von »Multis« reden, denken wir heute an Shell, Exxon Mobil, McDonalds oder ähnliche Unternehmen. Die heutigen »Multis« sind aber regelmäßig auch IT-Konzerne.

Diese neuen Multis sind auch in Wirklichkeit überhaupt nicht auf einzelne Staaten angewiesen. Die weltweite Vernetzung und das Faktum, dass sie ihre Dienste virtuell erbringen, verschiebt das Machtgefüge noch weiter zu Gunsten dieser Konzerne. Diese können heute in vielen Bereichen mit den Staaten Katz und Maus spielen. Das sehen wir auch daran, dass IT-Unternehmen immer mehr zu Verhandlungspartnern der Staaten werden und nicht mehr als Rechtsunterworfene auftreten. Auch die staatlichen Aufsichtsbehörden verhalten sich entsprechend und legen sich lieber nicht mit den großen Multis an.

Die technischen Fähigkeiten der großen IT-Unternehmen sind ebenfalls regelmäßig viel größer als die unserer Staaten. Könnten Sie sich vorstellen, dass unsere Regierungen derart geniale Auswertungssysteme entwickeln wie Google & Co? Ich traue es den meisten Ländern nicht zu, derart perfekte und intelligente Systeme zu entwickeln, selbst wenn es sehr reiche westliche Staaten sind. Das Knowhow, die Köpfe und die Ressourcen, die dazu notwendig sind, überfordern unsere klammen Staaten schnell.

Auch die faktische Macht der Konzerne gegenüber den Kunden wird durch deren Marktmacht immer größer. War es früher der Staat, der uns den Zugang zum Telefon gegeben hat und diesen auch wieder kappen konnte, so sind es heute große Unternehmen, die uns wegen der Verletzung ihrer Geschäftsbedingungen den Stecker ziehen. Wenn Sie sich diesen Bedingungen nicht unterwerfen, dann gibt es eben kein Internet und kein Handy. Nachdem Sie in den meisten Verträgen genau die gleichen Absonderlichkeiten finden werden, haben Sie oft ähnlich viel freie Wahl wie zu jenen Zeiten, in denen es in Europa nur einen staatlichen Festnetzanschluss gab.

Gleiches gilt beispielsweise auch bei Kreditauskunfteien. Ein Eintrag bei dieser privaten Institution kann eben mal Ihre Möglichkeit, Verträge abzuschließen, auf breiter Front und systematisch einschränken. Private Unternehmen kontrollieren damit faktisch Ihre Handlungsfähigkeit. Das war bisher ein Monopol des Staates, der nach strengen Prinzipien einen Sachverwalter bestellen oder Ihre Geschäftsfähigkeit einschränken konnte. Heute können das, zumindest in Teilbereichen, auch private Unternehmen.

Noch viel unheiliger ist jedoch eine weitere Entwicklung: Auch die staatliche Überwachung der Bürger wird immer mehr privatisiert. Statt Polizisten stehen immer öfter private Securities auf unseren Straßen. Sehr schön kann man das auch am Beispiel der Videoüberwachung sehen. Private Unternehmen wie Kaufhäuser, Busse, Bahnen oder Banken installieren flächendeckende Überwachung. Der Staat hält sich zurück und überlässt die Sicherheitsverwaltung privater Technik, natürlich ohne die für den Staat vorgeschriebenen Einschränkungen und mit viel weniger öffentlichem Widerstand.

Was staatlich und was privat ist, verschwimmt aber auch bei staatlichen Trägern immer mehr. Beispielsweise unsere Verkehrsunternehmen, die zwar eine private Gesellschaft sind aber dem Staat gehören, sind bekanntermaßen weder Fisch noch Fleisch. Ist die Überwachung einer staatlichen Verkehrsgesellschaft mit staatlichem Linienmonopol wirklich privat?

Es geht aber so weit, dass sogar staatliche Stellen »privat« überwachen. So erfolgt beispielsweise die Videoüberwachung des österreichischen Parlaments im Rahmen der sogenannten »Privatwirtschaftsverwaltung« des Parlaments. Das bedeutet, dass nicht die strengen Regeln für hoheitliches Handeln des Staates gelten, sondern die Regeln für normale Privatpersonen. Eigentlich fallen unter die »Privatwirtschaftsverwaltung« Tätigkeiten wie der Kauf von Kugelschreibern oder die Instandhaltung von Gebäuden. Neuerdings fällt aber anscheinend auch die staatliche Überwachung in dieselbe Kategorie wie der Kauf von Putzlappen oder Kopierpapier. Das bedeutet auch, dass diese im Prinzip jederzeit auf ein privates Unternehmen übertragbar ist. In der Praxis hat das nicht allzu extreme Auswirkungen, aber auch hier sehen wir, dass die Grenze zwischen »staatlich« und »privat« immer stärker verschwimmt.

Der Clou an der zunehmenden Verwässerung kommt aber erst: Der Staat kann natürlich auf all diese »privaten« Daten zugreifen. Er kann Daten beschlagnahmen, sich Videosignale übermitteln lassen, sich in Netze einklinken oder sogar auf Datenbanken zugreifen. Die NSA musste für PRISM nicht mehr jeden Bürger der Welt verwanzen, ausspähen und die Daten sammeln. Kein NSA-Agent musste dafür ein fremdes Land betreten oder auch nur aus dem Büro hinausgehen.

Das übernahmen Apple, Google, Yahoo, Microsoft, Skype, Facebook und andere Unternehmen. Die NSA musste sich also nur noch die gesammelten Daten bei den privaten Überwachern abholen. Sehr praktisch!

Kein Staat muss sich also mehr die Finger schmutzig machen. Man bedient sich der IT-Industrie, die oft auch willig mitmacht, solange man dafür Geldersatz vom Staat bekommt. Insofern gibt es auch von staatlicher Seite ein gewisses Interesse, diese privaten Sammlungen weiter bestehen zu lassen oder sie sogar auszubauen. Wenn die Unternehmen dann doch einmal nicht genug sammeln, dann folgt die Einführung von Systemen wie der Vorratsdatenspeicherung. Die Unternehmen müssen dann zwangsweise den Gehilfen für den Staat spielen und die Überwachungsdaten für den Staat auf Abruf bereithalten.

Ebenfalls recht praktisch ist es, dass für private Unternehmen nicht die strengen Vorschriften zur Überwachung und Beweiserlangung gelten wie für den Staat, auch wenn er diese Daten dann verwendet. Es gibt keine »Strafprozessordnung für Private«. Selbst wenn ein Privatunternehmen Ihre Daten vollkommen illegal sammelt, speichert und weitergibt, darf der Staat diese Daten ganz normal für die Strafverfolgung verwenden. Es gibt weder in den USA noch in Europa Regeln, die das verbieten würden, durchaus aus guten Gründen. Damit können aber Privatunternehmen dem Staat vorgeschalten und damit die Rechte der Bürger systematisch unterlaufen werden. Früher wäre dieses Szenario ein rein theoretisches gewesen, weil kein privates Unternehmen die nötigen Informationen strukturiert sammeln konnte. Heute ist das anders. Sie sehen, die Privatisierung der Überwachung hat viel »Potenzial«, wie man so schön sagt.

Die IT-Industrie wird also, zusammenfassend gesagt, faktisch zum größten Überwacher und gleichzeitig, wie in vielen Bereichen, auch oft zu einem mächtigen Mitspieler der Staaten. Einige Staaten sind mächtig genug, einige Unternehmen vor ihren Karren zu spannen, andere können die Unternehmen nicht einmal an ihre Gesetze binden. Von der Idee, dass nur unser jeweiliger Staat das Objekt unserer Kritik und Furcht sein muss, können wir uns jedoch, angesichts all dieser Spielarten der staatlich-privaten Beziehungen, getrost verabschieden.

26. Massenhafter Rechtsbruch

Als ich in den USA studierte, bekam ich bei meinen Prüfungen Fragen gestellt, die mir als Österreich sehr originell erschienen. Wir mussten als angehende Juristen nicht etwa wissen, was legal ist und was nicht, sondern wie wahrscheinlich es ist, dass jemand bei verschiedenen Verstößen verklagt wird, wie wahrscheinlich eine solche Klage erfolgreich wäre und wie viel das kostet. Als Österreicher war mein erster Gedanke: Ich studiere ja nicht Statistik oder will zum Experten für Wahrscheinlichkeitsrechnung werden. Als Jurist will ich sagen können: »Das ist legal und das andere ist nicht legal«. Den Graubereich dazwischen gilt es zu minimieren, weil die Rechtssicherheit über allem steht – so die österreichische Theorie.

Nicht so in den USA: Hier sieht man Recht eher als Risikofaktor oder Kostenfaktor im Rahmen eines Geschäftsbetriebs. Am Ende ist die Frage: Wie viel kostet es, wenn wir auf die Gesetze pfeifen und wie viel Geld können wir mit dem Rechtsbruch machen? Ein wirtschaftlich vollkommen verständlicher Ansatz. Wenn jemand mehr Geld durch Rechtsbruch machen kann als es kostet, wenn er erwischt wird, dann zahlt es sich nicht aus, die Gesetze einzuhalten. Das ist wie der Schwarzfahrer, der sich ausrechnet, dass eine Jahreskarte so viel kostet wie fünfmal beim Schwarzfahren erwischt zu werden. Wenn ihn durchschnittlich seltener als fünfmal im Jahr ein Kontrolleur aufhält, zahlt es sich aus, keine Jahreskarte zu kaufen. Parasitär, unmoralisch – aber erfolgsversprechend.

Gerade in der sehr schnelllebigen IT-Industrie wird primär nach diesem System vorgegangen. Bis eine Behörde, ein Nutzer oder ein Partner draufkommt, dass ein Unternehmen etwas Illegales tut, die Gerichte bemüht, einen Prozess gewinnt und das Urteil vollstreckt, gibt es die meisten IT-Unternehmen schon gar nicht mehr, geschweige denn das Produkt, das sich als illegal herausgestellt hat. Im schlimmsten Fall zahlt eine Seite den Kläger mit ein paar

Tausendern aus, bedauert den Fehler zutiefst und steckt sich die bisher gemachten Millionen ein. Hinzu kommt, dass gerade in der IT-Branche die »Macher« sehr stark vertreten sind. Sie erarbeiten neue Lösungen, noch bevor die Konsequenzen oder Gegenargumente abgewogen sind. Wer zu lange überlegt, hat das »Next Big Thing«, also die nächste tolle Geschäftsidee, schon wieder verpasst und ist weg vom Fenster, bevor er das erste Mal eine Klage zugestellt bekommt.

Das Ganze lässt sich aber noch steigern. Wenn jemand nicht nur ein paarmal die Gesetze bricht, sondern das in einem solchen Umfang macht, dass kein Mensch mehr hinterherkommt, dann sinken die Wahrscheinlichkeiten weiter, jemals zu Verantwortung gezogen zu werden. Durch massenhaften Rechtsbruch werden die Kritiker derart überschwemmt, dass sie schlichtweg darin ertrinken.

Den totalen Olymp des Rechtsbruchs erklimmen IT-Unternehmen aber endgültig, wenn sie ein bisher illegales Produkt so weit verbreitet haben, dass sich keiner mehr vorstellen kann, dass das illegal sein könnte. Hier heißt es Fakten schaffen, bis etwas Illegales das Normalste auf der Welt wird. So ging zum Beispiel Google vor, als das Unternehmen für Google Books einfach Millionen Bücher kopierte, ohne sich groß um das Urheberrecht der Autoren zu scheren. Andere Unternehmen, die brav nach den Gesetzen vorgingen, kamen entsprechend ins Hintertreffen. Wenn ein pickeliger Teenager illegal eine MP3 kopiert, dann ist er schon mit einem Fuß hinter Gittern, aber wenn das Google tut, dann muss es ja irgendwie erlaubt sein. Am Ende setzte sich Google mit dieser Strategie durch und gewann den entsprechenden Rechtsstreit in den USA durch einen Vergleich. Hätte Google vor Gericht verloren, wäre das Unternehmen allein wegen Schadenersatzforderungen dem Bankrott nahe gewesen. Das traut sich am Ende kein Richter. »Too big to fail« kommt Ihnen sicher bekannt vor, oder?

Eine ähnliche Vorgangsweise ist bei Google Street View erkennbar. Die Verantwortlichen scannten einfach mal unsere Städte und weil sie ohnehin schon unterwegs waren, scannten sie die WLAN-Signale einfach mit und kopierten dabei die unverschlüsselte Kommunikation der Nutzer. In den USA kein Problem: Was nicht verschlüsselt ist, ist ja bekanntlich vogelfrei. Am Ende setzten sich nur wenige Länder wie Deutschland mit ihren Grundrechten durch. Dort ruderte das Unternehmen ein paar Zentimeter zurück und erlaubte den Nutzern, ihre Häuser wieder auszublenden. Wegen der abgehörten WLAN-Daten entschuldigte sich Google dann auch artig, nachdem es dieses Faktum erst jahrelang bestritten und alle Kritiker als Lügner hingestellt hatte. Die Lehre am Ende ist: Bevor man sich über 100% Gedanken macht, erst einmal 110% umsetzen und dann 2% zurückrudern. Massenhafter Rechtsbruch ist extrem effektiv – probieren Sie es doch auch mal, wenn Sie ein globaler Multi sind.

27. Verklag mich doch!

Nun ist der massenhafte Rechtsbruch sicher ein tolles Instrument, aber auf der anderen Seite stehen oft Millionen oder sogar Milliarden Konsumenten. Wenn sich nur ein paar Promille dieser Nutzer wehren würden, dann könnte sich jeder einen Rechtsbruch vornehmen. Warum passiert das also nicht?

Erstens hat man das Problem, dass Nutzer sich dafür Jahre lang mit einem Unternehmen streiten müssten. Das ist ein Zeitaufwand und auch ein finanzieller Aufwand, den keiner wegen einer Handy-App oder eines Online-Dienstes wirklich betreibt. Für jeden einzelnen Nutzer ist der Rechtsbruch auch oft nur sehr klein. Erst der milliardenfache Rechtsbruch macht das Problem und die Profite für die Unternehmen.

Weiter gibt es, zumindest in Europa, auch nichts zu gewinnen, außer nach ein paar Jahren vor Gericht bescheinigt zu bekommen, dass etwas illegal war und nicht mehr gemacht werden darf. Zu diesem Zeitpunkt haben Sie gute Chancen, dass es das Produkt und oft auch den Beklagten schon gar nicht mehr gibt.

Geld, wie bei den Massenklagen in den USA, bekommen Sie in Europa fast nie. Denn bei uns ist meistens nur ein monetärer Schaden einklagbar. Sie bekommen also nur dann einen Cent, wenn Sie Ihren Job, Ihr Haus oder ein sicheres Geschäft wegen Datenmissbrauchs verloren haben. Nur im Ausnahmefall, wie etwa beim Schmerzensgeld oder bei Vergewaltigungen, bekommt man auch bei uns etwas ausbezahlt, selbst wenn es kein monetärer Schaden war, der entstanden ist. Das ist im Prinzip auch nicht falsch, weil wir damit absurde Milliardenklagen wie in den USA verhindern, aber gerade im Bereich Privatsphäre ergibt sich eine Lücke: Wenn Ihnen jemand ein Streichholz abknickt, dann können Sie den Wertverlust von 0,1 Cent einklagen. Wenn jemand Millionen persönliche Daten über Sie illegal sammelt, auswertet und weiterverkauft, dann bekommen Sie meistens nichts. Selbst wenn die Daten illegal im Netz landen, dann werden Sie regelmäßig nicht nachweisen können, dass gerade diese Verbreitung Sie ein paar Euro gekostet hat. Sie haben einen Nachteil, der von jemand anderem verursacht wurde, bleiben aber am Ende darauf sitzen. Pech.

Der Gesetzgeber hinkt hier klar der Realität hinterher. Es wird massenhaft in unsere Privatsphäre eingegriffen, also in ein Recht, das von Natur aus immateriell ist, aber der Eingriff wird oft nicht als Schaden anerkannt. Begründet wird das genau mit dieser immateriellen Natur des Schadens, der ihn schwer zu berechnen macht und viel Raum für Spekulationen lässt. Ein Paradoxon, das die Datenmafia gut schlafen lässt.

Aber selbst wenn Sie sich trotz der überschaubaren Sinnhaftigkeit zu einer Klage durchringen, damit der Rechtsbruch zumindest zukünftig unterbunden wird, werden Sie noch ein ganz anderes Problem haben: Sie finden niemanden, der Sie vertreten will. Kein Anwalt, der mit Datenschutz etwas am Hut hat, wird Ihre Klage einbringen oder Sie vor einer Datenschutzbehörde vertreten.

Warum? Die spezialisierten Anwälte machen ihr Geld zu 99% mit der Vertretung von Unternehmen gegenüber den Behörden. Auch wenn viele dieser Anwälte in Wirklichkeit von Datenschutz überzeugt sind, müssen sie sich überlegen, mit welchen Klienten sie nächsten Monat die Miete, das Sekretariat und ihren Hauskredit zahlen. Ihre paar Hundert Euro für eine Klage werden es vermutlich nicht sein.

So erging es uns in Irland und Luxemburg, als wir anwaltliche Hilfe suchten. Trotz persönlicher Empfehlungen von diversen Leuten und einem halbwegs gefüllten Spendenkonto war die Antwort überall gleich: »Toller Fall, echt super... aber leider können wir das nicht vertreten. Trotzdem viel Erfolg!« Auf Nachfrage bekam man dann Hinweise auf »Interessenkonflikte« oder Kollegen in der Kanzlei, die von einem Mandat abgeraten hätten. Wenn Sie nun bedenken, wie klein Irland oder Luxemburg sind und wie wenige Anwälte in diesem Bereich spezialisiert sind, dann haben Sie gute Chancen, nach ein paar Tagen alle Optionen durch zu haben – ohne Erfolg.

In beiden Ländern waren übrigens auch Versuche einen Pflichtvertreter zu bekommen erfolglos. Da wurde abwechselnd darauf verwiesen, dass man kein Staatsbürger wäre oder dass es nur für Strafverfahren eine Rechtsvertretung gibt. Die meisten Anfragen wurden aber überhaupt nicht bearbeitet, während die Fristen für die Klage gleichzeitig abliefen.

Ich hatte zum Glück die Möglichkeit, einfach irgendeinen Anwalt zu nehmen. In das irische Recht las ich mich eben mit ein paar Büchern ein, und die Klagen in Irland formulierte ich selbst – der Anwalt überarbeitete sie dann nur noch und schickte sie ans Gericht. So hatten wir in Irland einen Anwalt, der eigentlich auf Asylrecht spezialisiert war. Das war zwar nicht das Gelbe vom Ei und gipfelte am Ende in kuriosen Situationen: So mussten wir ihm für die Verhandlung die Datenschutzsachen auf einem Zettel aufschreiben. Wie eine Ansprache las er diesen Zettel dann dem Gericht vor. Zum Glück ließ der Richter es aber zu und ermöglichte uns so, alle Punkte überhaupt vorzubringen.

Einem Normalbürger ist es aber unmöglich, eben mal eine juristische Ansprache in einer Fremdsprache zu verfassen, die dann ein fachfremder Anwalt vorträgt. Sie werden also als Normalnutzer einfach vor einer unüberwindbaren Wand stehen, nie klagen, und die Unternehmen rufen weiter süffisant »Verklag mich doch!«

28. Ohnmacht der Behörden

Irland ist ein wirklich nettes Plätzchen. Viel Natur, viel Grün und gut vier Millionen Menschen auf einer netten kleinen Insel. In der Mitte dieser Insel gibt es einen kleinen Ort namens Portarlington. Ein paar Straßen, eine große Getreidemühle, gut 7.000 Einwohner und eine Zugstation. Fahrzeit in die Hauptstadt Dublin sind gut 50 Minuten.

Nein, diese Einleitung ist keine Schleichwerbung des irischen Tourismusbüros. Portarlington ist der Brennpunkt des europäischen Datenschutzes. Gleich an der Straße vor der Zugstation steht ein Eckhaus. Im Erdgeschoss ist ein kleiner »Centra« Supermarkt, ganz in Türkis gehalten. Ein Landsupermarkt. Keine Tante Emma, aber sie würde dort durchaus gut reinpassen. Davor fährt ein Traktor zum Feld. Wenn Sie nun aber um die Ecke des Gebäudes gehen, sehen Sie neben dem Supermarkt eine unscheinbare, dunkelblaue Tür. Darüber steht auf Irisch »An Coimisinéir Cosanta Sonraí« – daneben auch auf Englisch »Data Protection Commissioner«. Wenn Sie dort anläuten, eingelassen werden und hinter diese unwirkliche Tür treten, sind Sie in einem farblosen Stiegenhaus. Im ersten Stock haben Sie sie dann gefunden: Die Tür zur mächtigsten Datenschutzbehörde in Europa, vermutlich sogar die mächtigste der Welt.

Wenn Sie in Europa wohnen, entscheiden hier die Verantwortlichen, was Google, Facebook, LinkedIn, Apple, Yahoo und viele andere Unternehmen mit Ihren Daten tun dürfen. Die Zuständigkeit reicht aber oft bis nach Asien, Südamerika, Afrika oder Australien.

Warum nun Irland? Nicht weil Irland so schön ist oder gar eine Weltmacht wäre, sondern weil Unternehmen durch einen Sitz in Irland ihre Steuern auf unter 2% drücken können. Zum Vergleich: Der Durchschnittssteuersatz in der Eurozone liegt bei 29,6%. Der Sitz des Unternehmens entscheidet in der EU aber nicht nur über die Steuern, sondern auch darüber, welcher Staat für die Datenschutzüberprüfung zuständig ist. Das unternehmensfreundliche Irland greift internationalen Konzernen aber auch hier gerne unter die Arme. Wenn Sie sich allerdings über Amazon, Microsoft, Skype, PayPal oder eBay beschweren wollen, sind sie in Portarlington im ersten Stock über dem Supermarkt vor der falschen Tür. Dann müssen Sie in die »Avenue du Rock'n'Roll«. Die liegt, auch wenn ihr Name das vermuten lässt, nicht im Amüsierviertel von Paris, sondern ist die letzte Straße vor der französischen Grenze inmitten eines ehemaligen Industriegebiets in Luxemburg. Hier sitzt die Datenschutzbehörde des Großherzogtums Luxemburg. Auch hier ist der Grund für die Zuständigkeit nicht die reizvolle Landschaft. In Luxemburg gibt es ebenfalls besondere Steuervergünstigungen für die IT-Industrie und, zumindest am Papier, auch entsprechend viele Konzernzentralen. Weil auch hier der Konzernsitz für die Datenschutzaufsicht ausschlaggebend ist, hat Luxemburg in der »Avenue du Rock'n'Roll« vermutlich die zweitmächtigste Datenschutzbehörde in der EU.

Wenn Sie sich also bei Ihrer lokalen Datenschutzbehörde in Ihrem Land beschweren wollen, machen Sie schon mal Bekanntschaft mit der ersten Stufe der Ohnmacht: Diese Behörden sind schlichtweg nicht zuständig. Ihre Behörde kann sich beschweren und Briefe schicken so viel sie will, sie ist unzuständig. Das musste auch die Hamburger Datenschutzbehörde oder der umtriebige Datenschutzbeauftragte von Schleswig-Holstein feststellen: »Ireland rules!« Der Rest von Europa kann nur hoffen, beten und betteln.

Wer sitzt nun aber hinter dieser Tür im ersten Stock über dem Supermarkt in einem kleinen irischen Dorf? Als wir 2011 unsere Beschwerden gegen Facebook eingebracht hatten, waren es gut zwanzig Mitarbeiter inklusive der Commissioner selbst.

Diese Truppe hat nun das Grundrecht von gut einer Milliarde Facebook-Nutzern in ihrer Hand. Facebook-Irland verwaltet, zumindest am Papier, alle Facebook-Konten außerhalb der USA und Kanada. Dazu kommen noch alle Apple-Nutzer in der EU, dem EWR und der Schweiz, alle weltweiten LinkedIn-Kunden außerhalb der USA, die

Yahoo!-Nutzer und ein großer Haufen anderer Unternehmen, die sich in Irland niedergelassen haben. Von den nationalen irischen Unternehmen reden wir jetzt noch gar nicht.

Wie sehen also diese »Musketiere der europäischen Grundrechte« im Detail aus? Stellen Sie sich zwanzig Beamte mittleren Alters vor, davon kein einziger Jurist und kein einziger Techniker. Wenn Sie noch kein Bild vor sich haben: Es gibt sehr unterhaltsame Fotos auf der Webseite der Behörde, sonst stellen Sie sich einfach ganz durchschnittliche Staatsbedienstete vor. Gestern noch bei der lokalen Gemeindeverwaltung oder im Finanzministerium, heute Datenschutz. Der Commissioner war zuvor unter anderem Diplomat und arbeitete als Beamter im Ministerium, das für ausländische Investitionen zuständig ist. Böse Zungen behaupten, er setzt diese Agenda in seinem neuen Job mit Bravour fort.

Nun stellen Sie sich auf der anderen Seite die Aufgabe dieser Truppe vor: Diese Behörde soll überprüfen, was Facebook genau mit Milliarden Bildern, einer Milliarde Nutzerkonten, Trillionen Klickdaten und Metadaten, endlosen Postings, hochgeladenen Adressinformationen und dem gesamten Rest der unendlichen Datenmassen so tut. Das Ganze passiert natürlich nicht physisch in Irland. Diese Daten liegen in Datenzentren in den USA. Die Behörde kann also gar nicht hinfahren und die Server selbst kontrollieren. Das Facebook-Serverzentrum in Schweden wäre zumindest in der EU, aber selbst hier wäre Amtshilfe der schwedischen Behörden vonnöten. Das größte Problem ist aber, wie sich die Untersuchung eines Serverzentrums überhaupt gestalten soll. Wo sollen die Leute denn anfangen, in einer riesigen Lagerhalle, in der tausende Server mit jeweils endlosen Festplatten stehen, von der jede so viel gespeichert hat wie mehrere Bibliotheken? Wie würden Sie vorgehen? Einfach mal ein paar Festplatten rausziehen und schauen, was drauf ist? Den Steuerungsraum entern? Ein paar Schnipsel auf einem USB-Stick mitnehmen? Wohl eher nicht.

Die Iren gingen recht einfach vor: Sie schickten unsere Beschwerden an Facebook und bekamen schriftlich irgendwelche Antworten. Diese Antworten sind bis heute geheim. Im Kern dürfte darin aber, ohne weitere Erklärung, einfach nur »stimmt nicht« gestanden sein. Um das Ganze noch etwas abzurunden, machte die Behörde noch ein paar Stichproben und Befragungen in den Facebook-Büros in Dublin, also an einem Ort, wo kein einziger Server steht, auf dem Nutzerdaten gespeichert sind. Es blieben der Behörde am Ende zwei Optionen: Facebook glauben, die sagen, dass das alles nicht stimmt, oder den Beschwerden glauben, die immerhin alle Vorwürfe auch mit wasserdichten Beweisen untermauern konnten.

Die Lösung war keine Entscheidung, sondern rechtlich unverbindliche »Berichte«. Diese Berichte orientierten sich nicht am Maßstab des Gesetzes, sondern an einer nirgendwo definierten »Best Practice«. Eine geniale Idee! Indem die Behörde einfach nicht entschied, stellte man als Behörde sicher, dass Facebook sie nicht verklagen wird. Alles, was Facebook aufgrund dieses Verfahrens änderte, war offiziell nur »freiwillig« und rechtlich nicht notwendig. Facebook änderte also »freiwillig« seine Datenschutzrichtlinien, einige Knöpfe und schaltete die Gesichtserkennung ab. Öffentlich konnte das Unternehmen sagen, es habe etwas getan. Viele Medien und die Öffentlichkeit verstehen den Unterschied zwischen einem unverbindlichen und unüberprüfbaren Bericht und einer echten, rechtlich verbindlichen Entscheidung sowieso nicht.

Unsere rechtlich noch immer existenten Beschwerden legte die Behörde einfach in die Rundablage und tat so, als ob es diese nie gegeben hätte. Die Behörde und Facebook waren glücklich. Gegenseitiges öffentliches Schulterklopfen inklusive. Bis heute gibt es keine Entscheidung. Damit das auch so bleibt, haben uns die Verantwortlichen seit fast drei Jahren jeden Zugang zu den Beweisen, Akten und sogar den Gegenargumenten von Facebook verweigert. Mitten in der EU haben sie unsere Grundrechte einfach kaltgestellt. Recht auf Datenschutz? Kaltgestellt. Recht auf ein faires Verfahren? Kaltgestellt. Recht auf eine Entscheidung? Kaltgestellt. Recht auf Akteneinsicht? Kaltgestellt.

Wäre der irische Commissioner ein österreichischer Beamter, wäre das inzwischen ein Fall für den Strafrichter. Was wir in Irland erleben mussten, wäre in Österreich schlichtweg Amtsmissbrauch mit bis zu fünf Jahren Haft als Konsequenz. Zum Glück für die verantwortlichen Beamten gibt es in Irland kein kodifiziertes Strafgesetzbuch, und Amtsmissbrauch haben die Gerichte bisher sehr unklar definiert. Eine Anzeige wäre also sinnlos.

Ist das aber nur so, weil es in Irland politisch nicht gewollt ist, die US-Industrie zu vergrämen? Haben die dem irischen Commissioner einfach einen großen Koffer Geld in die Hand gedrückt oder sonst irgendwie sichergestellt, dass der staatliche Aufseher nichts tut?

Die meisten irischen Journalisten und Anwälte, mit denen ich gesprochen habe, gehen davon aus, dass die irische Regierung den »unabhängigen« Datenschutzbeauftragten direkt oder indirekt dazu bringt, nichts zu tun. Beweise gibt es dafür jedoch keine. Der alte Mann kann auch einfach nur so total verblendet sein, ganz unabhängig davon, was die Politik von ihm will. Wenn wir einen Blick auf die Statistik der Behörde werfen, ist das auch sehr viel wahrscheinlicher. Seitdem der neue Commissioner 2005 übernommen hat, hat die Behörde nur noch 2-4% der Beschwerden formell entschieden. 2001 waren es noch 68%. Den Rest hat sie »informell« erledigt – also in der Praxis zu einem großen Teil nach ein paar abweisenden E-Mails einfach in den Mistkübel geschmissen. Fertig.

Ich persönlich habe daher eine andere Theorie: Eine totale Ohnmacht im Rahmen der Gesetze. Ganz ohne Geldkoffer und Interventionen des Ministers. Wie funktioniert das?

Zuerst wird ein Entscheidungsträger gewählt, der sicher nicht irgendwie aktionistisch veranlagt ist. Der irische Commissioner war diesbezüglich eine Idealbesetzung. Ein Diplomat und Apparatschik.

Zum NSA-Skandal sagte er im irischen Radio, dass die Totalüberwachung ohnehin nur zu unserer Sicherheit passiert. Bei einem Vortrag zum europäischen Datenschutztag betonte er, dass Irland »leider« dazu verpflichtet ist, EU-Datenschutz umzusetzen. Dass das Recht auf Datenschutz mit dem Vertrag von Lissabon auch noch zum EU-Grundrecht wurde, haben die Iren seiner Meinung nach »übersehen«. Außerdem ist Irland seiner Ansicht nach »verdammt« dazu, eine Behörde für Datenschutzaufsicht einzurichten. Falls Sie sich wundern: Ja, das ist die »verdammte« Behörde, deren Chef dieser Mann ist. Die Basis, dass bei so einer Aufsichtsbehörde nicht viel rauskommt, ist damit schon gelegt. Ohnmacht 1.0 sozusagen.

Aber um die Ohnmacht noch zu steigern, muss Irland diesen Apparatschik noch in den richtigen Apparat bauen. Also erlässt die irische Regierung ein Datenschutzgesetz (das muss man wegen der EU-Vorgaben), »vergisst« aber einfach darauf, Strafen vorzusehen. Ja, Sie haben wieder richtig gehört: In Irland, dem derzeitigen Hauptdrehpunkt unserer Datenströme, gibt es keine Strafe, wenn jemand unser Grundrecht auf Datenschutz mit Füßen tritt. Nichts. Nada. Null Cent.

Das Einzige, was die Behörde machen kann, ist eine »Durchsetzungsnotiz« an ein IT-Unternehmen zu schicken. Da steht dann sinngemäß drinnen: »Liebes Facebook! Bitte halte dich an die Gesetze. Das wäre extrem lieb von dir. Danke, dass du unsere Notiz gelesen hast. Bussi, deine irische Datenschutzbehörde«. Natürlich würde das in der Praxis etwas förmlicher klingen, aber inhaltlich ist es genau das: eine Bitte.

Stellen Sie sich vor, wir würden das in anderen Bereichen so machen: Sie Parken mitten im Parkverbot, vor der Feuerwehrausfahrt, in zweiter Spur und bekommen vom Parksheriff einen Zettel, auf dem steht: »Lieber Fahrzeughalter, wir bitten Sie, das nicht mehr zu tun. Ihre Stadtverwaltung« an die Scheibe gehängt. Ihre Knie schlottern vermutlich jetzt schon, und Sie würden sich zukünftig natürlich immer brav an Parkverbote halten. Aber auch die Unternehmen, die nach dem System »Massenhafter Rechtsbruch« leben, würden natürlich nie wieder die Gesetze brechen. So zumindest die Idee des irischen Datenschutzgesetzes. Ich bin ja an sich ein Freund eines liberalen Systems, aber es erfordert schon eine unglaubliche Naivität, wenn wir uns die Rechtsdurchsetzung so vorstellen – oder es besteht einfach kein Wille, die Gesetze durchzusetzen.

Zugegeben: Wenn sich Unternehmen an diese persönliche Extraeinladung zum Gesetzesrespekt nicht halten, kann der Commissioner ein Unternehmen auf Gesetzeseinhaltung klagen. Richtig, er kann keine Strafe verhängen, er muss vor Gericht auf Einhaltung seiner Notizzettel klagen. Wie oft glauben Sie, ist das schon passiert? Erraten: noch nie. Der Commissioner hat die Notizzettel bisher nur verteilt und auch das nur in homöopathischen Dosen.

Obwohl die Behörde noch nie ein Unternehmen auf Einhaltung des Zettels geklagt hat, haben Unternehmen die Behörde schon wiederholt wegen der Ausstellung dieser Zettel verklagt. Damit es noch schöner wird: Die Unternehmen haben, soweit bekannt, bisher auch jedes Mal gewonnen. Keiner der irischen Notizzettel hat also vor Gericht gehalten. Dabei muss man sagen, dass es gute Gründe gibt, warum die Gerichte die verteilten Zettel des Commissioners gleich wieder geschreddert haben. So vergaß der Mann das letzte Mal, eine Begründung zu schreiben. Das Unternehmen wusste also nicht einmal, warum das, was es tut, illegal sein sollte. Das Gericht hob die Notiz also richtigerweise gleich wieder auf. Die Unternehmen haben also nicht wirklich einen Grund, Angst vor diesen Durchsetzungsnotizen zu haben.

Im Hinblick auf die Ohnmacht ist aber besonders interessant, dass der Commissioner die Gerichtskosten bezahlen muss. Diese Gebühren sind in Irland relativ heftig und fangen bei etwa 20.000 Euro an. Das zahlt nicht der Staat, sondern das kommt aus dem Budget der Datenschutzbehörde. Wenn die Behörde also etwas gegen ein

Unternehmen unternimmt, dann läuft sie immer auch Gefahr, verklagt zu werden. Wenn das Unternehmen vor Gericht gewinnt, frisst die Behörde damit ihr eigenes Budget durch die Gerichtskosten auf. Gerade für große internationale IT-Unternehmen sind 100.000 Euro nicht viel Geld. Für die Behörde heißt das aber, ein paar Mitarbeiter einsparen zu müssen. Wenn die Behörde also Gesetze durchsetzt, riskiert sie zusammengefasst jedes Mal, sich ein Stückchen selbst aufzulösen. Die sich selbst auffressende Durchsetzungsbehörde – was für ein geniales System der Ohnmacht!

Gegenüber internationalen Medien, die das alles auch etwas komisch gefunden haben, erklärt der Commissioner das mit einem vermeintlich »irischen Ansatz«, bei dem alles im Gespräch und ohne Konfrontation geregelt wird. Als Beweis wird angeführt, dass die irischen Polizisten ja auch keine Waffen tragen würden. Um bei hinkenden Vergleichen zu bleiben: Nur blöd, wenn diese unbewaffneten Softie-Aufpasser auf einmal US-Gangstern mit Pumpguns gegenüberstehen, die massenhaft in ihre Insel einfallen. Wer macht dann wohl die Regeln?

Natürlich widerspricht das alles dem EU-Recht. Die Mitgliedsstaaten müssen EU-Gesetze effektiv umsetzen. Dazu gehören auch adäquate Strafen, eine aktive Überprüfung der Unternehmen und eine ordentliche Bearbeitung von Beschwerden. Das Problem ist aber, dass die EU bei einem Verstoß gegen diese Pflicht die Mitgliedsstaaten klagen muss. Natürlich ist auch das relativ kompliziert und langwierig. Daher passiert es meistens auch nicht. Auch ist das kein Automatismus, sondern eine politische Entscheidung der EU-Kommission. Die Chance, dass die EU-Kommission also etwas in die Wege leitet, ist relativ gering. Vor allem, wenn es politisch gerade nicht opportun ist.

Sie fragen sich, warum es so kompliziert ist, den Staaten auf die Finger zu klopfen? Fragen Sie doch mal die Mitgliedsstaaten – sie haben die Verträge gemacht.

Aber es geht immer noch ein Schäufelchen mehr: Stellen Sie sich vor, so eine Behörde überprüft nun wirklich einmal ordentlich ein großes IT-Unternehmen und stellt fest, dass der Dienst, so wie er angeboten wird, einfach nicht legal ist. Als Beispiel: Wir brachten eine Beschwerde gegen Skype in Luxemburg ein. Dabei ging es darum, dass es nach EU-Recht illegal ist, europäische Daten von Skype-Nutzern in die USA zu exportieren, wenn der Empfänger, in diesem Fall Microsoft, diese Daten dort an die NSA weitergibt. Konsequenz der Durchsetzung dieses Exportverbots wäre gewesen, dass Skype den Stecker ziehen, dann in der EU neue Server und Systeme aufbauen müsste, um dann ein paar Monate später wieder online zu sein.

Natürlich wäre das total unverhältnismäßig. Skype wäre weltweit offline. Die Aufregung wäre unendlich. Der Effekt: Keine Behörde traut sich, das durchzusetzen. Die Marktmacht dieser Unternehmen macht es also den Behörden faktisch unmöglich, etwas zu tun.

Was machen die Behörden also? Sie suchen einen Weg, wie man irgendwie den Stecker nicht ziehen muss. Im Skype-Fall erklärte uns die Luxemburger Behörde daher, dass man »leider keine hohe Wahrscheinlichkeit« sehen könne, dass das PRISM-Programm existiert und Microsoft daran teilnimmt. Das behaupteten sie, obwohl die USA die Existenz bereits zugegeben hatten. Der öffentliche Widerstand gegen diese Entscheidung waren ein paar kritische Zeitungsartikel. Das ist natürlich sehr viel angenehmer als der »Shitstorm«, der ausgelöst werden würde, wenn die Behörde Skype den Stecker zieht. Andere Lösungen, die weniger radikal wären, wurden anscheinend nicht angedacht.

Die Ohnmacht der Behörden nährt sich daher auch aus der Wichtigkeit dieser Dienste in unserem täglichen Leben. »Too big to shut down« könnte es in Anlehnung an die Bankenkrise heißen. Einem kleinen Unternehmen eine Kamera abzudrehen, ist für eine Behörde leicht. Einem Großkonzern aber seine illegalen Dienste abzuschalten, das trauen sich nicht einmal die wackersten Behörden.

Zusammenfassend gesagt ist der Zustand unserer Behörden also erschreckend. Nicht nur, dass die meisten Behörden personell vollkommen unterbesetzt sind, um auch nur im Entferntesten ihren Aufgaben nachzukommen, oft ist das Personal auch nicht qualifiziert oder einfach nicht willens, etwas zu tun.

Zuständig sind am Ende nicht die großen Staaten, sondern ein paar kleine Staaten, die nicht unbedingt das größte Interesse haben, den Konzernen auf die Füße zu steigen. Die Unternehmen können ihren Sitz auch innerhalb von ein paar Monaten verlegen, wenn eine Behörde zu lästig wird. Der wirtschaftliche und politische Druck, nichts zu tun, ist durchaus groß.

Die Systeme sind gleichzeitig derart komplex, dass eine Überprüfung fast nicht möglich ist. Auch weil viele der Daten physisch irgendwo in den USA, Indien oder überhaupt in der »Cloud« herumfliegen und daher nicht einmal zugänglich sind, stößt man schnell an Grenzen. Wenn es überhaupt Strafen gibt, sind diese so minimal, dass eine Wasserspritzpistole mehr Abschreckwirkung hätte. Gleichzeitig können die Konzerne in vielen Staaten mit einer juristischen Bazooka zurückschießen, wenn eine Behörde etwas Falsches tut. Eine kleine Behörde ist dann schnell mit endlosen Klagen eingedeckt. Allein die möglichen Gerichtskosten kühlen die Durchsetzungsfreude von Behörden in einigen Ländern schon massiv ab.

Irland ist zwar wohl einer der Tiefpunkte des europäischen Datenschutzes aber sicher nicht ganz alleine. Auch Großbritannien nimmt Datenschutz nicht so ernst. Hinter vorgehaltener Hand hört man, dass die Behörde dort recht gut an den Stempelgebühren für das Datenschutzregister verdient. Sie prüft praktisch nicht – stempelt aber dafür umso eifriger. Ein Anwalt erklärte mir, wenn er etwas in Kontinentaleuropa nicht genehmigt bekomme, gehe er eben nach Großbritannien, »die stempeln dir alles ab«.

Nicht wirklich beruhigende Entwicklungen sahen wir auch in Deutschland. Dort hat die neue Regierung eine konservative

Politikerin zur Bundesdatenschutzbeauftragten bestellt, die sich als Abgeordnete für die Vorratsdatenspeicherung, ACTA und die Onlinedurchsuchung eingesetzt hatte. Nicht wirklich das, was man sich für den Oberdatenschützer der Nation erwartet, oder? Hinter den Kulissen ist die Meinung eindeutig: Die Politik wollte jemanden als Aufsichtsperson, der die Klappe hält. Der Vorgänger war wohl zu kritisch.

Angesichts dieser Situation ist es heute verwunderlich, wenn die meisten Behörden trotzdem noch ihr Bestes tun, um zumindest im Rahmen ihrer Möglichkeiten unsere Grundrechte zu schützen. In einigen entscheidenden Ländern sind die zuständigen Behörden aber reine Fassade: Wie ein uninteressierter Bulle, der kastriert wurde und bei jeder Aktivität die Gefahr sieht, sich weiter zu verletzen, liegen diese Verteidiger unserer Grundrechte herum. Ohnmächtig.

29. Moderne Schnittstellenproblematik

Wir verlangen von Schülern, auszurechnen, in welchem Winkel und mit welcher Energie man einen Satelliten von der Erdoberfläche abschießen muss, damit dieser dann einen gewissen geostationären Punkt über dem Äquator einnimmt. Zumindest wollte das mein Physiklehrer unbedingt in unsere Köpfe stopfen. Wie aber ein Handy oder ein Computer funktioniert, was ein Cookie ist, wie das Internet funktioniert und was ein VPN-Tunnel ist, war eine Sache fürs »Wahlfach« Informatik. Ein Fach, das nur ein paar Schüler belegten und erst einmal mit dem Einschalten eines Computers und dem Verwenden von Word, Excel und PowerPoint begann. Was aber hinter dieser Technologie steckt, was sie kann, welche Potentiale und Risiken sie hat, wird der breiten Masse nicht erklärt. Das ist etwas für »Experten«, den Normalbürger hat das nicht zu interessieren.

Das ist, als ob der Lehrer in Wirtschaftskunde die Schüler auf eine Klassenfahrt zum Supermarkt mitnehmen würde, um ihnen zu erklären, wie das Einkaufen funktioniert. Das wissen die Kids schon, bevor sie das erste Mal eine Schulbank gesehen haben. Daher erklären ihnen die Lehrkräfte wie die Wirtschaft funktioniert, was für Wirtschaftssysteme es gibt und vieles mehr. Für einen Basiskurs in diesem »Hintergrundwissen« ist es auch in der Informatik höchste Zeit.

Natürlich können wir nicht jeden Menschen zu einem Spezialisten auf allen Gebieten ausbilden. Ich habe auch keine Ahnung, wie man eine Brücke sicher baut, fahre jedoch trotzdem täglich drüber. Wir müssen jedoch darauf achten, dass die Entfernung zwischen einer kleinen Kaste von Wissenden, den Informatikern, Experten und Technikern einerseits, und den normalen Nutzern andererseits nicht zu groß wird. Für Normalbürger ist es oft unmöglich, herauszufinden, was mit seinem eigenen PC, Handy oder sonstigen Gerät eigentlich passiert. Diese Komplexität und Intransparenz bringen ein elementares Machtgefälle und ein riesiges Vertrauensproblem mit sich. Noch viel problematischer ist jedoch, dass jene Personen, die heute unsere Systeme gestalten, oft in einer eigenen Welt leben. Teilweise hat sich dort noch nicht herumgesprochen, dass es gesellschaftliche und rechtliche Grenzen für diese Systeme gibt. Während viele Informatiker sich deutlich bewusst sind, wie mächtig und oft auch problematisch diese Technik sein kann, finden sich nur wenige Experten, die wissen, was die Technik eigentlich darf. Sie machen, was der Chef will, technisch machbar ist, und das Ganze möglichst schnell und billig. Webseitenanalyse? Ja, da gibt's einen Code von Google, den sie schnell einbauen können. Integration mit Facebook? Ja, ist technisch schnell gemacht. Das alles speichern? Machen wir! Alte Daten löschen? Ist nicht notwendig!

Stellen Sie sich vor, Architekten würden Häuser bauen, die dann aber wieder abgerissen werden müssen, weil sie schlichtweg die Brandschutzvorschriften nicht eingehalten haben. Oder Ingenieure, die vergessen haben, die Lärmschutz und Umweltauflagen abzuklären, bevor sie die neue Hochleistungsbahn durch die Landschaft gebaut haben. Vollkommen unvorstellbar! Nicht jedoch im IT-Bereich. Fast keine Software ist heute wirklich datenschutzkonform programmiert. Wenn man bei Vorträgen erzählt, was das Gesetz so vorschreibt, passiert es nicht selten, dass ein Informatiker im Raum aufsteht und sagt: »Das macht doch kein Mensch so.« »Es speichern doch alle alles.« »Diese Gesetze sind total unrealistisch, das macht doch niemand so.« »Echt löschen? Das haut mir doch lauter Lücken in die Datenbank!«

Während jeder Arzt, Ingenieur oder Architekt wissen muss, was er darf und was die Gesellschaft seiner Zunft verboten hat, sieht die Realität im Bereich IT und Datenschutz ganz anders aus. Selbst Experten mit abgeschlossenem Studium haben oft kein Seminar oder auch nur eine Vorlesung zum Thema Datenschutz gehabt. Über diverse Programmierer in Indien, China oder in den USA will ich erst gar nicht reden. Diese können oft schon rein faktisch keine Ahnung haben, was in Europa eigentlich Standard ist. Entsprechend sehen die Systeme aus. An die technischen Voraussetzungen, um später rechtskonform zu arbeiten, wurde nie gedacht. Der zuständige Chef oder Manager auf der anderen Seite ist vermutlich Betriebswirt und weiß sowieso nicht, was die Techniker da so in ihren Computer eintippen.

Ein banales Beispiel: Für eine Untersuchung gingen wir eine Einkaufsstraße im Zentrum von Wien ab und suchten nach Videokameras. In Österreich gibt es dafür gewisse gesetzliche Vorgaben. Keine einzige Anlage entsprach diesen Vorgaben. Später sprach ich mit dem Anwalt eines Juweliers. Dieser hatte sich für viel Geld Kameras installieren lassen und sich darauf verlassen, dass ein beauftragtes Fachunternehmen das schon richtig machen würde. Die Kameras filmten aber den gesamten Platz, nicht nur das Geschäft. Überwachung über die unmittelbare Umgebung hinaus ist aber verboten. Er tat das einzig Richtige: Er ging zum Installateur und verlangte sein Geld zurück. Wer ein rechtswidriges Produkt liefert, haftet dafür. Das verantwortliche Unternehmen hat die Kameras abgebaut.

Das ist natürlich die Ausnahme, normalerweise überprüft das keiner. In der Praxis verlassen wir uns einfach darauf, dass Produkte, die wir oft für viel Geld kaufen, den Vorschriften entsprechen. Weil die Hersteller dieser Produkte aber oft selbst nicht wissen, was erlaubt ist, und die Auftraggeber nicht verstehen, wie das genau funktioniert, entsteht eine große Lücke. In dieser Lücke wuchern dann Systeme, die nicht im Geringsten den Gesetzen entsprechen. Hauptsache es funktioniert am Ende irgendwie. Sagen Sie einmal einem Unternehmen, dass die Softwarelösung, die Millionen Euro gekostet hat, eigentlich von Grund auf illegal ist.

Zukunftsszenarien

Was passiert also, wenn wir nichts tun und uns einfach weiter treiben lassen? Wenn die Konzerne und auch der Staat immer weiter in unser Leben eindringen? Viele Leute haben sich dazu schon Gedanken gemacht und diverse Theorien und Extremszenarien entwickelt.

Wenn wir aber ganz praktisch sehen wollen, was passiert, dann reicht oft ein Blick in ein westliches Land ohne flächendeckenden Datenschutz: in die USA.

30. Kapitulation?

Was passiert also mit uns, wenn wir nicht gegensteuern und einfach weiter immer mehr Daten über uns generieren, immer mehr Daten über uns sammeln, immer mehr Daten auswerten und dabei immer transparenter werden und immer weniger Privatsphäre haben? Was passiert, wenn das Drohgespenst des »gläsernen Menschen« in seinem vollen Umfang wahr wird? Im Kern gibt es heute zwei Theorien dazu:

Die einen gehen von einer neuen, besseren, offeneren, freien Welt aus, die so toll und befreit ist, dass man gar keine Privatsphäre mehr braucht. Das hört sich sehr nach den diversen quasi-religiösen Verheißungen aus dem Silicon Valley an. »Wir machen die Welt offener und verbundener« ist beispielsweise das Credo von Facebook. Amen!

In dieser schönen neuen Welt weiß jeder alles über jeden und keiner hat ein Problem damit. Es ist vollkommen egal, ob Sie lesbisch oder schwul sind, einem außergewöhnlichen religiösen Kult angehören, psychische Probleme haben, politisch extrem links oder rechts der Mitte stehen. Weil wir alle schrecklich tolerant werden, ist das in dieser Traumwelt vollkommen ohne Konsequenzen für uns. Ihr schwuler Chef hat null Probleme damit, dass Sie eine Kampagne gegen Schwulenadoption unterschrieben haben. Ihr Arbeitgeber stellt Sie auch ein, wenn er weiß, dass Sie wegen einer Krankheit vermutlich bald mehr im Krankenstand als im Büro sein werden. Die Bank gibt Ihnen gerne einen Kredit, auch wenn sie weiß, dass sie etwas knapp bei Kasse sind. Banken sind in dieser Welt nämlich keine hart kalkulierenden Unternehmen, sondern glauben einfach an Sie. Es ist also egal, wenn jeder alle Ihre Daten verwenden kann, weil keiner mehr böse und gemein ist. Damit sind wir auch bei Googles religiösem Glaubenssatz »Don't be evil«. Und weil wir eben alle nicht mehr böse sind, ist auch dieser Grund für Privatsphäre einfach verschwunden.

»Don't be evil« bedeutet aber in dieser Welt auch, dass wir selbst nicht mehr flunkern, nicht mehr hinter dem Rücken über Leute tratschen, nicht mehr fremdgehen und schon gar nicht bei Rot über die Ampel laufen. Wir machen nie wieder einen Tag blau und gehen in den Krankenstand, weil der Urlaubsflug einen Tag früher billiger war. Wir werden endlich die totalen Übermenschen. Keine Laster, keine Eifersucht, kein Neid, kein Geiz. Die sieben Todsünden sind sowieso vollends ausgemerzt. In so einer Welt ist also alles perfekt, ein Paradies für totale Idealmenschen – nur Überraschungspartys können wir blöderweise nicht mehr geheim halten.

Was passiert aber, wenn Sie ein kleiner Rebell sind, ihre Teufelshörnchen rausholen und trotz der Vorschriften aus der Google'schen Bibel hier und da einmal ein bisschen »evil« sein wollen? Das ist in dieser Weltordnung noch nicht so ganz klar. Entweder diese Gesellschaft ist so offen und tolerant, dass sie auch Ihr Rebellentum einfach akzeptiert und Sie ab und zu auch ein bisschen »evil« sein dürfen. Oder aber unser Apostel Eric Schmidt, Chef von Google, behält Recht mit seiner Offenbarung. Ich zitiere Apostel Eric aus dem brandneuen Testament: »Wenn es etwas gibt, von dem Sie nicht wollen, dass es irgendjemand erfährt, sollten Sie es vielleicht ohnehin nicht tun.« Wenn sich also die göttliche Wahrheit des Apostels Eric durchsetzt, dann besteht in dieser schönen neuen Welt leider ein totales Teufelshörnchenverbot. So viel zu den Vorstellungen hochbezahlter Wirtschaftskapitäne und anderer Optimisten über unsere zukünftige Gesellschaft.

Die Gegenfraktion in der Diskussion lehnt diese Idee einer befreiten Gesellschaft als vollkommen unrealistisch ab. Diese »Weltuntergangsfraktion« glaubt, dass wir uns immer weiter einschränken müssen, um uns vor der totalen Durchleuchtung und Überwachung zu schützen. Das bedeutet vor allem, vieles nicht mehr zu tun, was wir bisher im Schutz der Privatsphäre tun konnten, ohne uns über Konsequenzen Gedanken machen zu müssen. Am Ende hätten wir die Wahl, uns in totaler Selbstzensur zu üben oder uns eben auf dem Präsentierteller des Staates und der Datenindustrie zu räkeln. Selbstzensur, also den Mund zu halten, ist natürlich nur so lange eine Option, bis es ohnehin möglich sein wird, zu wissen und zu berechnen, was in Ihrem Hirn passiert.

Das würde bedeuten, dass politische Diskussionen, freie Meinungsäußerung und viele unserer gewöhnlichen Tätigkeiten nicht mehr so wie heute möglich wären. Wenn Sie jedes Mal, wenn Sie etwas sagen oder tun, damit rechnen müssen, dass jemand es verarbeitet und auch gegen Sie verwenden kann, dann lassen Sie es vermutlich bleiben oder schränken sich zumindest stark ein. Vor allem für Leute, die anecken und unbequem sind, wäre das das Ende. Oft sind aber genau das die Leute, die unsere Gesellschaft weiterbringen.

Ein böses Wort über Ihren Chef und Sie bekommen die Kündigung. Ein blöder Scherz unter Freunden über Ihren Partner, und der Haussegen hängt schief. Das machen Sie ein paarmal, dann halten Sie aber wohl einfach den Mund. One-Night-Stands wären eine Geschichte aus der guten alten Zeit, Bordelle auf einmal konkursgefährdet und die Pornoindustrie würde ihre Mitarbeiter zur Kündigung anmelden. Aber auch keine Idee, kein legitimes Geschäftsgeheimnis und kein Plan wären mehr privat.

Alles und jedes hat eine Konsequenz. Die Menschen realisieren das und reagieren darauf, indem sie ihr Verhalten umstellen, schreckhafter und verschlossener werden. Sie werden Sklaven der Daten, müssen permanent auf der Hut sein, dürfen sich nie einen Fehler erlauben und werden endgültig zum Objekt irgendwelcher undurchsichtiger Systeme von Staat und Industrie.

Wenn Sie in dieser Welt einmal zu schnell fahren, bei Rot über die Ampel gehen oder die Steuern nicht auf den Cent genau zahlen, sind Sie schon ertappt. Sie können sich zwar noch richtig verhalten, aber moralisch hochwertig wäre das nicht mehr, denn Sie haben gar keine andere Option. Sie haben eine Datenpistole am Schädel, die erbarmungslos jedes Fehlverhalten registriert oder schon vorher berechnet und umgehend abdrückt.

Dieses Szenario ist im Prinzip eine Mischung aus »1984«, »Minority Report«, »Brave New World« und diversen anderen Science Fiction-Geschichten, gepaart mit einem Hochsicherheitsgefängnis.

Beide Theorien sind natürlich Extremszenarien. Sie sind aber in sich durchaus logisch, und wir beobachten für beide heute schon Ansätze. Schon heute sehen wir uns mit der Warnung konfrontiert, unsere Meinung nicht öffentlich ins Netz zu stellen. Schon heute überlegen wir uns, ob wir bei einer Demo mitgehen und nachher auf Videobändern der Polizei aufscheinen, ob wir bei einer Onlinepetition gegen Walfang unterschreiben, was Jahre später noch mit einem Klick abrufbar ist. Unsere Reaktionen sind oft Selbstzensur, Einschränkungen und auch Unterdrückung.

Gleichzeitig ist genau diese Offenheit vieler Menschen im Netz auch befreiend. Die Menschen finden Gleichgesinnte, können sich vernetzen. Sie können dann endlich nachvollziehen, welche Netzwerke hinter diversen Entscheidungen stehen, und auch die Toleranz profitiert sicherlich von dieser Vernetzung anderer Sichtweisen. Gleichzeitig findet über genau diese Offenheit eine intensive Überwachung statt, und Personen werden immer mehr zu berechenbaren, durchschaubaren Objekten.

Wenn sich die Idee der Privatsphäre also wirklich immer mehr auflösen sollte, dann wäre vermutlich eine Mischung aus beiden oben beschriebenen Extremszenarien die logische Folge. Wir werden uns viel mehr an Vorschriften halten müssen, wenn jede Verfehlung erfasst wird. Wir werden uns selbst zensieren und unfreiwillig zu braveren Bürgern mutieren, wenn jeder Akt, jede Äußerung eine Konsequenz hat. Das bringt viel Stress, im Alltag permanent »richtig« zu handeln. Eine ethisch hochwertige Entscheidung, das Richtige zu tun, wäre das aber natürlich nicht, denn wir haben dann faktisch keine Wahl mehr.

Wir müssten gleichzeitig wohl auch lernen, viel mehr zu ignorieren. Wir würden also schon rein faktisch viel toleranter sein müssen. Wenn Sie erst mal alle dreckigen und verstörenden Geheimnisse Ihrer Freunde, Kollegen, Partner, Chefs, Politiker oder Filmstars kennen, wird Ihnen nichts anderes übrig bleiben, als die dunklen Flecken auszublenden, denn Sie werden feststellen, dass niemand eine vollkommen weiße Weste hat. Damit ergeben sich viele Konflikte und Probleme, die heute einfach unter den Teppich gekehrt werden. Diese Probleme und Konflikte durch Informationszurückhaltung aufzulösen, nach dem Motto »was ich nicht weiß, macht mich nicht heiß«, funktioniert dann nicht mehr. Sie können unüberwindbare Konflikte nur mehr durch Ignorieren auflösen. Wirkliche Toleranz ist das dann aber auch nicht. Dass der Mensch mit all seinen Fehlern und Lastern für ein Leben in einer solchen Gesellschaft in aller Konsequenz fähig ist, glaube ich nicht.

Dass diese zukünftige Gesellschaft wirklich lebenswerter ist als unsere heutige Welt, halte ich jedenfalls für ausgeschlossen. Dieses Gesellschaftskonzept ist weder natürlich noch haben ähnliche künstliche Experimente und Systeme jemals dauerhaft funktioniert. Vielmehr kennen wir diese Dinge nur aus totalitären Staaten oder Fiktionen.

Das wissen natürlich auch die Befürworter dieser neuen Weltordnung. Sie erklären uns aber, dass es ein Tauschgeschäft wäre: Wir würden unter dem Zwang der missbräuchlich verwendeten Technologie im Interesse von ein paar Unternehmen und Staaten die Basis unserer Gesellschaft vollkommen umbauen und ein Grundrecht aufgeben, jedoch einen Vorteil gegenüber der heutigen Welt durch technischen Fortschritt bekommen. Der technologische Fortschritt wird uns dabei immer »im Paket« mit der Aufgabe von Privatsphäre verkauft. Das ist aber überhaupt nicht zwingend. Technischer Fortschritt ist auch ohne dieses Opfer möglich: Wenn wir uns mehr öffnen wollen, können wir das jederzeit machen. Wenn wir uns mehr vernetzen wollen, können wir das jederzeit tun, auch ohne Aufgabe des natürlichen Bedürfnisses nach Privatsphäre. Der Tausch ist also in Wirklichkeit keiner. Was uns als Tausch verkauft wird, ist in Wirklichkeit nur ein Raubbau im Interesse einer kleinen Gruppe.

Kapitulation und Abschaffung unserer Grundrechte auf Datenschutz und Privatsphäre kann keine ernsthafte Option sein. Wer heute behauptet, dass wir diese Grundrechte einfach aufgeben sollten, spielt in einer Liga mit Menschen, die eine »chinesische Demokratie« als effizienter anpreisen. Sie untergraben Errungenschaften der Menschheit im Interesse von Macht, Profit und Bequemlichkeit.

31. Praxistest USA

Wenn Sie eine praktische Vorschau auf ein entwickeltes Land ohne Datenschutz haben wollen, dann ist ein Blick in die USA wohl ein guter Tipp. Dort gibt es generell keinen Datenschutz, sondern wie gesagt nur ein paar einzelne Gesetze für spezifische Bereiche, wie Gesundheitsdaten oder Kreditinformationen, das Abhören von Telefonen oder Ähnliches.

Der Staat darf überhaupt fast alles, weil die US-Verfassung aus dem Jahr 1789 so etwas wie Datenschutz natürlich nicht kannte. Die Verfassung schützt nur die »Wohnung« und »Unterlagen« gegen willkürliche Durchsuchung. Mit richterlicher Erlaubnis ist aber natürlich auch eine Durchsuchung von Wohnungen und Unterlagen möglich. Versuche, die Verfassung zeitgemäß zu interpretieren, sind nicht sonderlich erfolgreich gewesen.

Für Sie ist das vermutlich ohnehin nebensächlich, denn wenn Sie kein US-Bürger sind, sind Sie sowieso vogelfrei. Leider kannte man 1789 nur »Bürgerrechte«, die nur für die eigene Bevölkerung gelten, und keine »Menschenrechte«, die alle Menschen schützen. Als Ausländer sind Sie daher auch heute noch ein Mensch zweiter Klasse.

Wenn Sie nun als Europäer in die USA einreisen, machen Sie schon Bekanntschaft mit den US-Überwachungssystemen, bevor Sie das Flugzeug betreten. Für das »visafreie« Einreisen müssen Sie online ein Formular ausfüllen und $ 14 für die Bearbeitung bezahlen. Dort müssen Sie die allseits beliebten Fragen beantworten wie »Beabsichtigen Sie, zum Zweck krimineller oder sittenwidriger Handlungen einzureisen?« oder »Waren Sie jemals oder sind Sie gegenwärtig an Spionage oder Sabotageakten, an terroristischen Aktivitäten oder an Völkermord beteiligt?« Ich würde gerne wissen, ob da jemals schon jemand »JA!« angekreuzt hat.

Jedenfalls sind Ihre Daten hier schon erfasst und verarbeitet, bevor Sie noch in den Flieger gestiegen sind. Die Algorithmen des

»Heimatschutzes« arbeiten sich an Ihren Daten und Antworten ab. Wenn Sie Pech haben, dürfen Sie nicht einreisen. Wenn Sie sich beschweren wollen, dann haben Sie keine Chance, denn um das Formular abzuschicken, mussten Sie zuerst »freiwillig« auf jedes Recht auf Einspruch und Revision verzichten.

Werden Sie anschließend, wie ich unlängst, Opfer des »Secondary Security Scanning Schemes«, dann beginnt Ihre Durchsuchung nach US-Recht schon vor dem Abflug in Ihrem Heimatland. Wenn Sie dann aber im Land der unbegrenzten Freiheit angekommen sind, behandelt Sie die Behörde jedenfalls erkennungsdienstlich, wobei das Standardprogramm alle Pass und Visadaten, biometrische Fotos und Fingerabdrücke beinhaltet. Wenn Sie öfter in die USA reisen, dann erkennt Sie der Computer schon und Sie müssen nicht mehr jedes Mal alle 10 Finger einscannen lassen. Praktisch, nicht?

Es kann aber auch sein, dass Sie das System schon auf einer »Watchlist« hat. So ergeht es einem meiner guten Freunde immer, wenn er in die USA einreist. Sein Vater ist vor Jahrzehnten aus Afghanistan nach Österreich zum Studieren gekommen und lebt hier seither ein ganz normales Leben. Seine Mutter ist Österreicherin. Er ist in Österreich geboren und sieht so afghanisch aus wie eine Wiener Kaisersemmel. Auch sein Name ist nicht weiter auffällig. Trotzdem fand er schon bei der Einreise neue »Freunde« bei der Grenzpolizei, die ihn mitunter stundenlang befragten, ob er Reisen nach Afghanistan unternommen oder terroristische Gedanken hätte. Der Hintergrund: Für ein Studentenvisum musste er den Geburtsort der Eltern angeben. Nun erkennt ihn das System auch bei jeder visumfreien Einreise wieder, mit den gleichen Folgen. Aber auch seinen Bruder, der nie irgendetwas angeben musste, hat die Grenzpolizei endlos befragt. Woher hier die Daten gekommen sind, ist unklar.

Man muss aber nicht ethnisch vorbelastet sein, um gleich einen »U-Turn« an der amerikanischen Grenze hinzulegen. Der Fall von Leigh Van Bryan war besonders skurril. Der 26 jährige irische Tourist flog nach Los Angeles und twitterte zuvor öffentlich: »Habe dieses Wochenende Zeit für kurzen Tratsch/Vorbereitung, bevor ich fliege und Amerika verwüste.« Im Englischen wurde das Wort »destroy« verwendet, was »zerstören« oder auch »verwüsten« im Sinne von vielen Partys und Alkohol bedeutet. Das haben die US-Algorithmen und auch die menschlichen Grenzschützer leider anders gesehen. Die Grenzpolizei hat den Touristen und seine mitreisende Freundin fünf Stunden lang verhört, in Handschellen gelegt, für zwölf Stunden inhaftiert und am nächsten Tag zurück nach Europa deportiert. Alle Erklärungsversuche waren zwecklos. Ihr gebuchter Urlaub verfiel entsprechend. Dass sie ihn für den Tweet zuvor, in dem er scherzte, er würde »Marilyn Monroes Grab ausgraben«, nicht für versuchte Leichenschändung verhaftet haben, muss man wohl als Glücksfall bezeichnen.

Wenn Sie dann die Einreise unbeschadet überlebt haben und im Paradies der »Post Privacy Veteranen« sind oder gar dort leben, dann kommt eine ganze Lawine auf Sie zu: Aufzuzählen, was alles in den USA überwacht und gespeichert wird, würde vermutlich eine Enzyklopädie füllen. Einiges haben Sie ohnehin schon in vorherigen Kapiteln gelesen, daher beschränke ich mich hier auf ein paar Beispiele.

Fangen wir etwa bei der Weitergabe von staatlichen Daten an Private an: In vielen US-Bundesstaaten sind die klammen öffentlichen Stellen draufgekommen, dass staatliche Daten extrem viel wert sind und verkaufen diese an private Unternehmen. Viele Autozulassungsstellen, die in den USA auch Führerscheine und Personalausweise ausstellen, geben Ihre Daten jedem, der dafür zahlt. Connecticut verkauft beispielsweise Name, Adresse, Kennzeichen und die gesamte Akte eines Führerscheininhabers für $ 15 pro Person an Versicherungen. Im Jahr 2013 kamen mit zirka 1,5 Millionen Datensätzen ein paar Dollar für den Staat zusammen. Das ist aber nur ein kleines Beispiel.

Wenn Sie zu schnell oder bei Rot über die Ampel fahren, dann gehen diese Daten in vielen US-Bundesstaaten sofort an Ihre Versicherung weiter. Ihre Haftpflicht wird dann gleich teurer, weil Sie sich ja nicht an die Regeln halten können und daher ein größeres Versicherungsrisiko darstellen. Blöd, dass US-Ampeln oft in wenigen Sekunden auf Rot springen. Folglich zahlen sich Notbremsungen versicherungstechnisch aus. Für den Staat ist diese Geschichte gleich mehrfach interessant. Er setzt seine Strafen gleich zweimal durch, und zwar erst durch relativ heftige Strafen und dann durch erhöhte Versicherungsgebühren, und zusätzlich bekommt er mit dem Verkauf von Daten auch noch ein Körberlgeld.

Amerikanische Straßen sind aber inzwischen allgemein total datifiziert. In vielen US-Städten haben Polizeiautos neuerdings automatische Kennzeichenerkennungsgeräte eingebaut. Diese laufen permanent mit und speichern alle Kennzeichen, Zeit und Ort von vorbeifahrenden Autos, und das 7 Tage pro Woche, 24 Stunden am Tag. Die Polizei erfasst damit jedes Auto auf einem Parkplatz, in einer Einfahrt oder im Verkehr ganz genau. Jedes Polizeiauto ist ein kleiner Datenstaubsauger. Auf großen Durchzugsstraßen gibt es solche Erkennungssysteme sowieso fix montiert. Selbst die Polizei einer Kleinstadt kommt auf diese Weise schnell auf Millionen Datensätze über die Bewegungen ihrer Bürger. Auch private Unternehmen mit großen Flotten beteiligen sich an dieser Kennzeichenjagd und sammeln mit den gleichen Systemen diese Kennzeichen.

Viele dieser Daten landen dann in einer Datenbank eines privaten Unternehmens namens »Vigilant Solutions«. Polizeibehörden haben darauf Zugriff, ohne weitere Beschränkung. Wenn ein Kennzeichen gesucht wird, ist es dadurch sofort auffindbar. Die sinnlos gesammelten Daten über ein paar Millionen andere Personen sind ein Nebenprodukt. Dieses System ist auch vollkommen legal, denn was die Öffentlichkeit einsehen und erfassen kann, gilt in den USA grundsätzlich nicht als schützenswert. Wem die Abspeicherung nicht recht ist, der soll eben aufs Auto verzichten oder nicht auf öffentlichen Straßen damit fahren und auch nicht an öffentlich einsehbaren Plätzen stehen. So einfach ist das.

Wenn Sie nicht bei der Polizei sind, aber selbst auch etwas schnüffeln wollen, dann würde ich Ihnen die öffentlichen Strafregister in den USA empfehlen. Da kann man nach Herzenslust im Dreck anderer Leute herumwühlen. Via Internet können Sie in vielen Bundesstaaten einfach Gefängnisinsassen, Sextäter und ähnliche Personen zentral abrufen, quasi »Pranger 2.0«. Falls Sie es eher lokaler haben wollen: Auch viele lokale Behörden haben »Prangerseiten« mit Fotos, Namen und Details zu Vorfällen und Verhaftungen. Ich bin immer wieder gerne auf der Webseite des Sheriffs aus unserem kleinen Dorf in Florida, denn manchmal findet man dort sogar alte Bekannte aus der High School. Da kommen Heimatgefühle auf.

Aber zurück zu den großen, zentralen Datenbanken. Dort finden Sie nicht nur die »schweren Jungs«, sondern auch »Drogentäter«, die oft einfach nur Drogenkonsumenten sind. Oder »Sextäter«, die als 19-Jährige einvernehmlichen Sex mit einer 17-Jährigen hatten. In Bundesstaaten, in denen Oralverkehr oder Homosexualität bis zu einem höchstgerichtlichen Entscheid im Jahre 2003 verboten war, ist »Sextäter« ja ein eher dehnbarer Begriff. In den USA soll aber bekanntlich jeder die Chance haben, ein Star zu sein. So bietet Ihnen der Staat auch als Kleinkrimineller gleich mal die gesamte Weltöffentlichkeit als Bühne und stellt Sie ins Netz. Zum Vergleich: In Österreich müssten Sie als »Sextäter« erst einen Keller unter Ihrem Haus ausheben, jemanden jahrelang gefangen halten und auf jene Medien vertrauen, die sich nicht einigen können, ob man Sie als »Josef F.« oder »J. Fritzl« bezeichnet, damit Sie ähnliche Chancen auf internationale Auffindbarkeit haben.

Aber zurück in die USA. Dort läuft so eine Datenbankabfrage wie beim Online-Dating ab. Sie können nach Alter, Größe, Gewicht, ethnischer Zugehörigkeit, Tattoos und ähnlichen Kriterien suchen und bekommen sofort eine Liste mit Ihren persönlichen Treffern. Fotos, Wohnadresse und ein (strafrechtlicher) Lebenslauf sind auch gleich dabei. Eben wie bei einer Singlebörse, nur den Partner fürs Leben findet man dort eher nur als Drogenbraut. Doch dann kann man aus dem Vollen schöpfen!

Wenn Sie nicht so auf böse Jungs und Mädchen stehen, sich aber gerne an der Niedertracht der Menschen in Ihrer Nachbarschaft ergötzen wollen, dann gibt es natürlich auch eine geographische Suche. Hier können Sie auf einer Karte kleine Symbole für jeden entlassenen Sexstraftäter im Umkreis finden. Am besten informieren Sie auch gleich alle anderen Nachbarn, damit ihm keiner einen Kuchen zum Einstand bringt, ihn zum Grillen einlädt oder ein Bier mit ihm trinkt. Wenn Sie sich daran noch nicht genug ergötzt haben, dann können Sie Ihre E-Mail-Adresse hinterlassen und diesen ehemaligen Täter »tracken«. Die Täter müssen nämlich auch regelmäßig ihre Daten aktualisieren. Sie bekommen dann regelmäßig Updates zu ihrem Lieblingstäter. Das funktioniert ganz so wie beim »Tracking« Ihrer letzten Bestellung bei Amazon. Das ist doch mal wirklich nutzerfreundlich! Natürlich sieht auch jeder Arbeitgeber und Vermieter in diesen Datenbanken nach, wenn sich jemand bewirbt. Ein normales Leben ist also nicht mehr möglich. So stellen Sie sich sicher die Reintegration von Personen vor, die ihre Strafe bereits abgebüßt haben, oder?

Aber ein Schäufelchen mehr geht auch hier noch. Neuerdings verhängen Städte auch Bannmeilen für registrierte Sextäter. In Miami durfte man als entlassener Sextäter nur mindestens 0,75 Kilometer von jeder Schule, jedem Park und sogar jeder Bushaltestelle leben. Weil damit praktisch die ganze Stadt eine Sperrzone war, bildete sich eine »Sextäterkolonie« unter einer abgelegenen Autobahnbrücke. In Zelten hausten hier die entlassenen Menschen, ohne Wasser, ohne Strom und ohne Toilette. Aber die Not macht erfinderisch. Mit Stromgeneratoren luden die Obdachlosen ihre elektronischen

Fußfesseln auf. Diese sind Pflicht, damit der Staat auch überwachen kann, dass sie unter der Brücke schlafen.

Die menschenwürdige Lösung? Miami deklarierte kurzerhand eine kleine unbewohnte Insel in der Nähe als »Park«, was auch den Platz unter der Brücke illegal machte. Erst später fand der Staat auch andere Lösungen.

Aber auch wenn Sie ein ganz normaler US-Bürger in einem ganz normalen Haus in einer ganz normalen Kolonie (also in einer Vorstadt) sind, dann sind Sie permanent erfasst. Unternehmen bestimmen Ihr Haus unentwegt durch komplexe Datenanalysen in seinem Wert. Wenn der Computer beschließt, dass Ihr Haus weniger wert ist als der Kredit, den Sie laufen haben, dann ruft jemand von der Bank an und droht, den Kredit fällig zu stellen. So geschehen bei meinem Vermieter und Mitbewohner, als ich in Kalifornien studierte.

Woher diese Unternehmen die Daten haben? Vom Staat, der alle Verkaufsdaten, Ihren Kaufpreis, aber auch die Quadratmeter, Zimmeranzahl, die Anzahl der Bäder bis hin zum Baujahr und der Heizungsart erfasst. Angereichert wird das noch durch Daten, die von Maklern und anderen Unternehmen weitergegeben werden. Am Ende ist vom Bodenbelag über den Stil des Hauses (in unserem Fall Spanisch) bis zur Größe der Garageneinfahrt alles abrufbar. Mein Vermieter und Mitbewohner hatte unser Haus im November 2006 um $ 840.000 gekauft. Das findet man öffentlich im Internet. Ein öffentliches Grundbuch gibt es bei uns bekanntermaßen auch, aber im Vergleich dazu ist das relativ datensparsam. Viel spannender als die alten Daten sind aber die Prognosen. Im Netz finden die Nutzer auf einer Karte über jedes Grundstück den derzeit vom Computer errechneten Wert desselben. Das sieht aus wie eine Wetterkarte, nur eben mit Hauspreisen. Das Haus meines Vermieters soll 8 Jahre nach dem Kauf nur noch $ 771.981 wert sein, sagt der Algorithmus. Während der Finanzkrise prognostizierte der Algorithmus mit $ 618.000 noch weniger, was die Nutzer in der online verfügbaren »historischen Ansicht« sehen können. Das Haus war also laut Algorithmus $ 222.000 »unter Wasser«. Daher wohl auch der Anruf der Bank, die angesichts der Prognose um ihr Pfandrecht fürchtete. Wie es mit dem Eigentum anderer Leute für die Zukunft aussieht, sagt einem der Algorithmus gegen eine kleine Gebühr ebenfalls.

Aber das ist natürlich nicht die einzige Datenbank, die einem Amerikaner das Leben schwer macht. Es gibt unzählige solcher automatischen Bewertungssysteme. Die wichtigsten sind wohl, wie Sie vielleicht schon vermutet haben, die drei großen privaten Kreditauskunfteien. Diese errechnen für jeden US-Bürger einen Kreditwert, der meist irgendwo zwischen 400 und 850 liegt. Da der amerikanische Konsum sehr stark auf Krediten und Kreditkarten aufgebaut ist, bedeutet ein schlechter Wert, dass eine Person dann schnell vom Wirtschaftsleben ausgeschlossen ist oder zumindest sehr viel mehr zahlt. Keine Miete, kein Handyvertrag, keine Kreditkarte, kein Bankkonto, kein Auto und eventuell auch kein Job ohne ein gutes Kreditranking. In den USA gibt es wenige Menschen, die irgendwelche teureren Konsumgüter in bar kaufen, denn viel öfter geht das auf Kredit. Entsprechend sind Amerikaner viel abhängiger von diesen Systemen, die nichts anderes als ein moderner, öffentlicher, digitaler Pranger sind. Angeschlossene Unternehmen zahlen für den Blick auf diesen Pranger, sozusagen »erste Reihe fußfrei«.

Das Schöne am amerikanischen Kreditwertsystem ist, dass es nicht ausreicht, nichts zu tun. Geben die Menschen keine Daten her, dann haben sie nämlich keinen Kreditwert. Damit sind sie praktisch nicht existent und folglich total unwürdig für Unternehmen. Sie müssen also zusehen, möglichst viele »gute Daten« für das System zu generieren. Datensparsamkeit ist keine Option.

Meine US-Gastmutter kümmerte sich immer liebevoll um ihre Töchter und stellte daher auch sicher, dass sie sofort mit ihrem 18. Geburtstag die ersten Kreditkarten bekamen. Diese müssen dann brav genutzt und auch immer pünktlich bezahlt werden. Damit

»bauen sich die Leute einen guten Kreditwert auf«, um sich viele Jahre später ein Haus, ein Auto oder sonstwas kaufen zu können. Amerikaner mögen es, ihre Kreditwerte zu planen, fast wie Kinder oder die Karriere.

Obwohl die groben Berechnungsmethoden bekannt sind, ist vieles dieser Kreditwerte im Detail unbekannt. Diese Unsicherheit und Intransparenz übt auch einen großen Druck auf die Betroffenen aus. Ein Beispiel: Als wir am Lake Tahoe ein Skiwochenende verbrachten, verlor ein Freund seine Kreditkarte. Er ließ sie sofort sperren, hatte jedoch den ganzen Tag Panik, dass der Verlust der Karte seinen Kreditwert senken könnte. Am Abend die erleichternde Nachricht: Der Verlust von Karten hat keine Auswirkung auf den Kreditwert und damit auf seinen Hauskredit. Schwein gehabt.

Wenn Ihr Kreditwert dann aber doch einmal nicht passt, dann laden Sie hunderte Werbungen im Fernsehen ein, für die Dienste eines »Kreditwertverbesserers« zu zahlen. Diese Firmen überwachen gegen eine satte Gebühr Ihren Kreditwert und erlauben es Ihnen, falsche oder fehlerhafte Daten auszubessern. Die Werbung zeigt Menschen, die ihr perfektes Haus gefunden haben, dann aber aus allen Wolken fallen, da sie es nicht bekommen, weil ihr Kreditwert nicht passt.

Sie glauben, das wäre nur eine Werbung? Nein, das ist leider vollkommen realistisch. Meine US-Gasteltern waren äußerst solvent. Weil sie bei Geldfragen sehr konservativ waren, haben sie auch nie einen Kredit gebraucht. Eines Tages brauchten sie eine Zwischenfinanzierung, weil sie ein neues Wochenendhaus kaufen wollten. Sie hatten auch einen Kreditwert, der so hoch war, dass der Bankbeamte es erst nicht glauben konnte. Alles war perfekt. Ein paar Tage später ein Anruf von der Bank: Kredit abgelehnt. Wie konnte das sein? Nach langem Hin und Her fanden sie heraus, dass sie vor Jahren eine Kreditkarte storniert hatten, auf der aber anscheinend noch ein Bikini meiner Gastschwester offen war, im Wert von ein paar

Dollar. Noch Jahre später war das bei einer der Kreditauskunfteien gespeichert. Der Algorithmus lehnte den Kredit ab. Erst nachdem sie den fehlenden Betrag bezahlt und die Eintragung gelöscht hatten, klappte es mit dem Haus doch noch. Als ordentlicher Amerikaner hätten Sie natürlich alle Daten bei allen drei Kreditauskunfteien vorab kontrollieren müssen, sagt die allabendliche Kreditverbesserungswerbung.

Meine persönliche »Lieblings-Kreditwertverbesserungs-Werbung« ist aber die mit dem Bauarbeiter Steve: Er repariert gerade eine Straße und über ihm schwebt eine Zahl, und zwar sein schlechter Kreditwert. Eine Stimme aus dem Off sagt, dass Steve bei diesem Kreditwertverbesserer »nicht nur eine Nummer« sei, hier ist »Steve wieder Steve«. Aus der Zahl, die über ihm schwebt, wird sein Name. Mitten in einer US-Werbung taucht er wieder auf: Der Mensch, der nicht Objekt, nicht nur eine Nummer sein will. Die Grundlage der europäischen Idee der Menschenwürde. Nur kommt die Menschenwürde im amerikanischen TV eben nicht als Grundrecht daher, sondern im Monatsabo.

Weiter geht es mit tausenden Kundenkarten. In den USA ist das nicht wie bei uns, wo man auch ohne Karte durchkommt. In US-Supermärkten zahlen Sie statt $ 8 schnell mal $ 16 für Olivenöl, wenn Sie keine Kundenkarte haben. In Wirklichkeit sind das prohibitive Preise, die sicherstellen, dass jeder Kunde eine Kundenkarte hat und damit erfasst ist. Diese Daten wandern dann gemeinsam mit vielen anderen Daten aus hunderten anderen Quellen mitunter an die großen Datenhändler. Das sind Unternehmen, die ihre Gewinne nur aus dem Kauf, der Verknüpfung und dem Verkauf von Daten ziehen. Diese Datenhändler brüsten sich regelmäßig öffentlich damit, wie viele tausend Datenpunkte sie zu jedem US-Bürger haben. Sie verrechnen Ihre Daten dann noch mit »Big Data«-Analysen und Verknüpfungen zu anderen, ähnlichen Personen, sodass jeder erfasste Mensch am Ende bestmöglich durchleuchtet ist. Tausende Firmen kaufen diese

Daten dann für viel Geld, um zu sehen, ob Sie ein profitabler Kunde, Teil einer Zielgruppe, risikoarm oder ein guter Arbeitnehmer sind.
Es gibt keine Gesetze oder Regelungen, die diesen Datenhandel irgendwie beschränken oder regeln. Die Wunder der liberalen Marktwirtschaft haben jedoch versucht, auch diese Lücke zu füllen. Sogenannte »Privatsphärendienste« versuchten diese Daten wieder zu löschen, zu blockieren oder mit anderen, besseren Daten zu übertünchen. Das läuft wie bei mittelalterlichen Wegelagerern. Sie zahlen dem Privatsphärendienst Geld, der zahlt wiederum Geld an die Datenbankbetreiber, um Ihre Daten dort zu löschen, zu ändern oder zumindest zu deaktivieren. Das Ganze kommt im praktischen Monatsabo. Es funktioniert aber natürlich nur so lange, als die Datenhändler mehr Geld damit machen, Ihre Daten wieder zu löschen als diese weiterzugeben. Am Ende kaufen Sie also über eine Art Schutzgeld einen Teil ihrer eigenen Daten wieder zurück. Cool, oder?

Soweit mal ein kleiner Blick in ein westliches, modernes Land ohne Datenschutz. Nun haben wir aber noch nicht von den Daten der Schulen, Universitäten, Krankenkassen, Versicherungen, Airlines, Telekoms, Strom und Gasversorgern, Internetfirmen, den Bundesbehörden inklusive der Geheimdienste und hunderten anderen Sektoren geredet. Sie sehen also, die Liste an Datenspeichern ist praktisch endlos.

Ich hatte das Glück, dieses System von innen zu erleben. Ein System, in dem fast alles quantifizierbar, messbar und analysierbar und nur wenig wirklich privat ist. Obwohl mich vieles mit den USA verbindet und wir in vielen Bereichen voneinander lernen können, sind diese Auswüchse der Überwachung und Datifizierung sicherlich in keiner Weise als Vorbild für eine freie, lebenswerte Gesellschaft unter Achtung der Menschenwürde geeignet.

Meine US-Freunde scheinen mir oft getrieben von Daten, Rankings und Zahlen. Sie müssen permanent aufpassen, was sie wie und wo machen. Die permanente Datenerfassung hat das Potential, ihre Konsummöglichkeiten, Jobmöglichkeiten und ihre gesellschaftliche Stellung einzuschränken. Das ist nicht permanent offensichtlich, schwingt aber oft im täglichen Leben mit. Regelmäßig taucht diese Angst auch ganz offensichtlich aus dem Hintergrund auf. Natürlich hängt all das auch stark mit einem Wirtschaftssystem zusammen, in dem vieles deutlich stärker kommerzialisiert und berechenbar ist.

Die Gesellschaft reagiert auf die Überwachung. Sie nimmt sich zurück und passt sich an. Keiner will, dass das Kreditranking fällt, dass wir eingeschränkt werden oder sogar unseren Kredit und damit unsere Wohnung verlieren. An Schulen und Unis dreht sich alles um Scores, Notenschnitte und Rankings. Das Credo eines guten Freundes war daher: »Everything comes with strings attached«, also alles kommt mit Konsequenzen, oft mit solchen, die wir uns in Europa nicht vorstellen können. Die Datifizierung limitiert den Freiraum des einzelnen Menschen dadurch massiv. Sie erfasst und überwacht alles irgendwie direkt oder indirekt. Man muss immer auf der Hut sein. Der Mensch wird oft nur noch zur Zahl und damit zum Objekt degradiert. Genau das ist eine Lebensrealität, die nach einem europäischen Verständnis an der Menschenwürde zumindest kratzt – wenn sie diese nicht schon offensichtlich verletzt.

Was tun?

Wenn wir also nicht in irgendeiner unangenehmen Parallelwelt enden wollen, müssen wir etwas tun. Wir können uns nicht mehr treiben lassen und zusehen, was andere mit uns vorhaben. Das ist klar. Unklar ist nur, was wir tun sollten. Viele Ideen und Ansätze schwirren herum und werden oft parallel verfolgt. Was ist aber vielversprechend, was sinnvoll und was vollkommener Humbug?

32. Neue Instrumente

Immer wieder tauchen in der Diskussion ganz neue Konzepte für den Datenschutz auf. Die meisten verschwinden zum Glück wieder schnell. Andere sind nur ein neuer Name oder eine neue Ausprägung von Ideen, die wir eigentlich schon längst haben. Obwohl meine Sympathie für alternative Ansätze sehr groß ist und wir wirklich bessere Konzepte brauchen könnten, konnte mich noch kein total neues Konzept überzeugen.

Es scheint, als ob wir dem »am wenigsten blöden Konzept« schon sehr nahe sind. Das mag auch daran liegen, dass das Grundrecht auf Datenschutz und Privatsphäre, wie wir es heute kennen, schon auf einen großen Stock an Grundrechtsdogmatik und einen eigenen Reifungsprozess zurückblicken kann. Es ist also durchaus ein regelmäßig verändertes Instrument, das nach vielen Fehlschlägen und Verbesserungen nun so vor uns steht, wie es ist. Die Juristen, Verfassungsrichter und sonstigen Leute, die zum heutigen Bestand beigetragen haben, sind ja auch nicht »auf der Nudelsuppe dahergeschwommen«, sondern haben jahrelang darüber gebrütet. Trotzdem möchte ich kurz ein paar Konzepte anschneiden, welche zumindest interessant sind.

Immer wieder neu erfunden zeigt sich da die Idee, dass wir Eigentum an unseren Daten haben sollten und diese damit zur Handelsware werden. Wir sollten dann, so der Plan, eine entsprechende Entlohnung und die volle Herrschaft über unsere Daten bekommen. Das hört sich für den Durchschnittsnutzer gut an. Genau das ist auch der einzige erkennbare Vorteil. Wenn wir es »Eigentum« nennen, dann ist das Recht an unseren Daten vielleicht endlich so formuliert, dass es jeder versteht. Dass unsere Daten ein Teil unserer Persönlichkeit sind, ist für viele irgendwie schwerer verständlich als das Wort »Eigentum«.

Unter der Oberfläche sieht es da schon anders aus. Erstens ist auch Eigentum kein Vollrecht, wie sich das die meisten Leute vorstellen. Wenn Sie je ein Haus gebaut haben, dann wissen Sie, dass Sie so viel Eigentümer eines Grundes sein können, wie Sie wollen, aber die Bauordnung, die Rechte von Nachbarn oder Regelungen zum Landschafts oder Umweltschutz schränken Ihr Eigentum massiv ein. Sie können nicht einfach einen 800 Meter hohen Turm bauen, der am Ende vielleicht noch umfällt. In einer zivilisierten Gesellschaft endet eben auch ein Vollrecht dort, wo das Recht von anderen anfängt. Das müsste natürlich auch für den Datenschutz gelten. Es müsste möglich sein, Ihre Daten zu verwenden, wenn jemand anderer ein überwiegendes Interesse daran hat. Wenn Sie etwas nicht bezahlen, werden die Verantwortlichen Ihre Daten an ein Inkassobüro zur Eintreibung der Schulden geben können. Eine Uni oder ein Arbeitgeber muss weiter Ihre Daten verwenden können. Die Statistikbehörde oder die Stadt will weiterhin wissen, wo Sie wohnen. Die Krankenversicherung muss immer noch wissen, für welche Behandlungen sie bezahlt. Das Finanzamt wird auch zukünftig Ihre Daten brauchen, um die Steuer vorzuschreiben. Auch die Polizei wird weiterhin in gewissen Situationen Ihr Telefon überwachen können. Das Grundrecht auf Datenschutz »Eigentum« zu nennen, ändert daran faktisch nichts.

Durchaus sinnvoll an diesem Eigentumsgedanken wäre die wirtschaftliche Position und der Wortlaut, den jeder versteht. »Deine Daten gehören dir« versteht man einfach besser als »du hast da ein Grundrecht daran«. Ein Recht, das der Normalbürger nicht versteht, ist ja eine eher sinnlose Übung.

Spannend an diesem Gedanken ist, dass Sie generell das wirtschaftliche Vollrecht an Ihren Daten haben würden. Das Gegenüber müsste es Ihnen also abkaufen. Das ist aber auch nur am Papier schön. Wenn Sie sich irgendwo bei einem Onlinedienst anmelden, würde dann eben drinnenstehen »hiermit trete ich alle meine wirtschaftlichen Rechte an meinen Daten ab«. Gewonnen wäre damit in der Praxis wohl recht wenig. Das ist auch beim wirtschaftlichen Recht an Ihren Bildern und Texten ersichtlich, dem Urheberrecht. Jeder Web 2.0-Dienst lässt sich alle Rechte an Ihren urheberrechtlich geschützten »Werken« abtreten, was Sie meistens nicht mal mitbekommen. Eigentum ist eben auch verschenkbar. Das geht rechtlich sogar noch leichter als Sie heute Ihre Daten verschenken können, weil die Zustimmung im Datenschutz derzeit viel strenger geregelt ist als die Zustimmung zum Verkauf von Eigentum.

Der Vorteil des wirtschaftlichen Eigentums an Daten ist aber spätestens dann dahin, wenn wir bedenken, dass wir schon nach heutigem Recht durchaus den illegal erlangten Profit aus einer Datenverwendung verlangen können. »Bereicherungsrecht« heißt das und ist in den meisten Ländern in der einen oder anderen Form bekannt. Kurzum: Wenn jemand etwas, woran Sie das Recht haben, illegal verwendet und sich damit bereichert, zum Beispiel Ihr Rad vermietet, dann können Sie den Vorteil herausverlangen. Damit soll verhindert werden, dass sich Rechtsbruch auszahlt. Bei Datenschutzfällen hat das meines Wissens noch niemand praktiziert, weil es da immer nur um ein paar Cent oder Euro pro Nutzer geht, aber generell spricht nichts dagegen, das zu tun. Sie können also mit sehr guten Chancen eine Art Lizenzgebühr verlangen, wenn jemand illegal Ihre Daten verwendet hat. Ein Bier könnte sich da schon mal ausgehen. Prost!

Der Vorteil dieses Eigentums besteht also maximal darin, den Datenschutz in etwas umzubenennen, das der Normalbürger versteht. Die meisten Verfechter dieses Ansatzes sind, meiner Beobachtung nach, Vordenker aus den USA. Das ist auch logisch, denn dort sind monetäre Rechte sicherlich sehr viel stärker verankert als bei uns. Ein politisches oder ethisches Recht auf Privatsphäre, wie wir es kennen, wäre in den USA eher exotisch. Daher scheint dieser Ansatz in den USA durchaus eine sinnvolle Option, vor allem da es bisher oft überhaupt keinen Schutz gibt. Dafür aber ein existierendes System umzubauen, wäre eher sinnlos, auch weil es am Ende primär ein Etikettenschwindel wäre.

Die Industrie und auch einige Experten predigen neuerdings den »Risikoansatz« oder auch »Risk Based Approach«. Bei dieser neuen Idee gehen Experten davon aus, dass eben nicht alle Daten und alle Arten der Datenverwendung gleich problematisch sind. Wenn der Bäcker am Eck Ihre Daten sammelt, dann wäre das eben etwas anderes, als wenn das Facebook tut. Ergo sollten die Gesetze entsprechend flexibel sein.

Das leuchtet aufs Erste ein und kommt auch bei Politikern gut an. Leute wie der konservative deutsche Verhandlungsführer im Europäischen Parlament machen aus diesem Gedanken dann Sätze wie »Der Datenschutz darf nicht dazu führen, dass die Brötchen beim Bäcker teurer werden«. Jetzt weiß ich nicht, ob man in Bonn, woher der sympathische Herr kommt, bei seinem Bäcker erst mal seinen Meldezettel vorlegen muss, aber mein Bäcker in Wien hat mich noch nie nach meinen Daten gefragt.

Die Vorschläge für die praktische Umsetzung dieses risikobasierten Ansatzes sind jedenfalls schauerlich. Ein Vorschlag des Europäischen Parlaments lautet etwa, dass Unternehmen mit weniger als 50 Mitarbeitern nicht mehr unter den Datenschutz fallen würden, was in Österreich zum Beispiel 98,5 % aller Unternehmen wären. Dann haben Sie zwar noch ein Grundrecht auf Datenschutz, aber eben nur gegenüber 1,5 % der Unternehmen. Wenn wir dann noch bedenken, dass der Onlinedienst »Instagram« bei der Übernahme durch Facebook zwölf Mitarbeiter und gleichzeitig 30 Millionen Nutzer hatte, dann scheint ein solcher risikobasierter Ansatz noch absurder.

Nach anderen Vorschlägen sollen die Unternehmen selbst definieren, was gefährlich ist. Sehr praktisch, besonders für die Unternehmen. Können Sie sich vorstellen, dass Google, Facebook oder

Apple vor die Öffentlichkeit treten und sagen »Ja, das was wir da tun ist schon ziemlich grenzwertig!« Wer ans Christkind glaubt, ist weniger naiv.

Auch der Versuch, diverse Punkte gesetzlich zu definieren, die eine Gefahr ergeben, ist wenig praktikabel, weil Unternehmen sie jeweils leicht umgehen können oder schnell in Konflikt mit neuen Entwicklungen kommen.

Im Vergleich zum heutigen System, in dem einfach jede Datenverwendung durch ein Unternehmen unter die Gesetze fällt aber das Gesetz den größten Teil der Datenverwendung sofort als unproblematisch durchwinkt, ergibt sich für die meisten Unternehmen auch kein Vorteil. Vielmehr müsste jedes Unternehmen erst mal eine Risikoanalyse durchführen. Viel Spaß! Die großen Datensammler sind die Einzigen, die profitieren könnten. Sie hoffen, unter dem Titel »risikobasierter Ansatz« die Gesetze schwammiger machen zu können und damit ihr Risiko, bestraft zu werden, zu senken. Das ist aber weder gerecht noch sinnvoll oder vernünftig. Das ist einfach nur ein Lobbytrick, der zum Himmel stinkt.

Wo wir gerade bei unangenehmen Gerüchen aus der Lobbyküche sind: »Selbstverpflichtungen« sind auch so ein neues, hochgepriesenes Instrument, das aus den gleichen Lobbytöpfen ventiliert wird und mächtigen Niederschlag, auch in der Politik und den Medien, gefunden hat.

Die Idee dahinter ist, dass wir einfach die Gesetze abschaffen, und die Industrie verpflichtet sich selbst, »lieb und brav« zu sein. Dazu schreibt sie sich ihre Gesetze einfach selbst. Kein Scherz. Das war sogar lange Zeit der Masterplan des ehemaligen deutschen Innenministers Friedrich, der in Deutschland auch für Datenschutz zuständig ist. Warum er solche Konzepte als Polizeiminister nicht auch bei Schnellfahrern, Falschparkern oder Kiffern vorgeschlagen hat, ist in Oberfranken genauer zu erfragen.

Das Einzige, was man dem Plan zugutehalten könnte, wäre, dass endlich transparent würde, wer unsere Gesetze eigentlich schreibt. Als wir 2013 mit dem Projekt »LobbyPlag.eu« die Änderungen an der vorgeschlagenen EU-Datenschutzverordnung untersuchten, fanden wir immerhin heraus, dass diese Abänderungen seitenweise und wortwörtlich Kopien aus den Lobbypapieren von Amazon, eBay, der US-Handelskammer oder der Finanzwirtschaft waren. Betroffen waren vor allem Abgeordnete jener Parteien, die gerne von Selbstverpflichtung schwärmen. Böse Zungen würden wohl behaupten, dieser Teil der Politiker will sich vielleicht nur die Kopierarbeit sparen, wenn man die Unternehmen gleich selbst werken lässt.

Die Realität bei Selbstverpflichtungen sieht so aus: Ein paar Industrievertreter setzen sich zusammen und grübeln darüber nach, wie sie sich selbst beschränken könnten. Das läuft so lange, bis das Sitzfleisch weiß und aufgequollen ist oder die Industrievertreter durch die Sitzungen genug Vielfliegermeilen gesammelt haben. Damit das Ganze nicht ganz so offensichtlich ist, laden sie am Anfang noch ein paar NGOs und ein paar »unabhängige« Experten dazu ein. Jene NGOs, die etwas auf sich halten, verlassen dann nach ein paar Monaten den Tisch, die anderen sind meistens der Industrie sehr nahe oder vollkommen unbedeutend.

So ziehen die Jahre ins Land. Nur wenn der öffentliche Druck wirklich dauerhaft hoch ist, legen sie dann unter Qualen doch ein Ei: Ein Verhaltenskodex. Hosanna! Jubelnd wird verkündet, dass jetzt, nach fünf Jahren, alles besser wird.

Nach der Analyse des Inhalts dieser Selbstverpflichtungen wird oft klar, warum die NGOs gegangen sind. Meistens verpflichten sich die Unternehmen, sich an nichts Konkretes zu halten. Alles bleibt wie bisher und trotzdem können sie noch ein tolles Gütesiegel auf ihrer Seite anzeigen. Das Ganze ist natürlich jeweils nicht einklagbar und fast immer unter dem Vorbehalt, dass ein Unternehmen freiwillig mitmacht.

Wenn Sie also das nächste Mal von einer »Selbstverpflichtung« hören, dann wissen Sie: das ist, als ließen Sie den Verband der Schnellfahrer einen Bußgeldkatalog schreiben. Es ist nichts anderes als ein Placebo in Form einer unverbindlichen Eigengesetzgebung außerhalb jedes demokratischen Systems. Jeder, der das ernsthaft vorschlägt, soll zuerst nur ein Beispiel von erfolgreicher, ernsthafter und der Härte eines Gesetzes zumindest ebenbürtiger Selbstverpflichtung vorlegen. Andernfalls würde ich hiermit freundlich bitten, zukünftig nicht die Zeit der Leute und den Platz in unseren Zeitungen mit solchen Vorschlägen zu verschwenden.

33. Privacy by Design

»Privacy by Design« ist das neueste Schlagwort für eine alte Weisheit, die etwas weniger sexy klingend als »erst denken, dann handeln« bekannt ist.

Heute folgt der Bau digitaler Systeme oft einfach dem System des geringsten Widerstands. Die IT-Fachleute nehmen ein paar Codeschnipsel, bauen ein paar externe Module von Drittanbietern ein, und am Ende kommt schon das erhoffte Produkt heraus. Aus der Sicht des Datenschutzes haben sie aber gerade Frankensteins Monster gebaut. Der Weg des geringsten Widerstands und des schnellsten Erfolgs ist zu oft die Leitlinie. Am Ende entstehen Systeme, die in keinster Weise den Gesetzen entsprechen oder gar eine privatsphärenfreundliche Lösung sind.

Überspitzt gesagt ist das wie ein Baumeister, der die Bauvorschriften ignoriert, statt Qualitätsmaterial ein paar alte asbestverseuchte Trümmer verarbeitet und dafür etwas billiger und schneller ist als ein Qualitätsbetrieb. Wenn das Ding dann beim nächsten Erdbeben zusammenbricht oder die Menschen in diesem Haus vom Asbest krank werden, würden Sie sich auch nicht wundern.

Ähnlich läuft es heute zu oft in der IT-Branche ab. Der Chef sagt: »Ich will xyz«, und irgendwer in der IT-Abteilung sucht die schnellste und einfachste Lösung. Oft wird er dabei auf die besonders einfachen und kostengünstigen Angebote von großen IT-Konzernen zurückgreifen. Der Chef hat ein paar Tage später in der Zeitung gelesen, dass nun alle Unternehmen ihre Daten in die »Cloud« geben. Er muss da natürlich auch mitmachen. Was das für seine Geschäftsgeheimnisse und den Datenschutz bedeutet, bedenkt niemand. Sagt dem Chef dann doch mal jemand, dass das etwas problematisch ist, dann gilt er eher als nerviger Querulant.

Dabei wäre eine ordentliche Lösung ganz einfach. Vor allem die großen Anbieter müssten schon im Entwicklungsprozess einer neuen Software oder einer neuen Dienstleistung den Datenschutz von Beginn an einplanen. Bei der Datensicherheit ist das heute Standard, weil sie die wertvollen Daten ja nicht verlieren wollen. Bei der Datensicherheit geht es um Hackerangriffe, Datenverlust und andere Probleme, also um einen äußeren Feind.

Beim Datenschutz geht es hingegen um die Selbstbeschränkung der Unternehmen. Wenn es um diese Selbstbeschränkung geht, ist das Interesse der Industrie naturgemäß überschaubar. Entsprechend plant sie das auch seltener von Anfang an ein. Dabei gibt es viele gute technische Ansätze, um Daten zu minimieren oder zu löschen. Es gibt sehr einfach umzusetzende Konzepte, die dem Nutzer wieder echte Transparenz und Kontrolle über seine Daten geben würden.

So ist es möglich, viele Daten auch anonymisiert oder zumindest pseudonymisiert zu speichern. Solange es technisch korrekt abläuft, wäre das auch ein Schritt in die richtige Richtung. Für generelle Auswertungen ist es nicht immer notwendig, alle Daten in Rohform zu speichern und weiterzugeben. So könnten die meisten Onlinedienste vollkommen ohne Name, Geburtsdatum oder Anschrift der Nutzer auskommen. Ein anonymer Nutzername und ein Passwort reichen vollkommen aus.

Wenn es um die Kontrolle durch die Nutzer geht, ist durch »Opt-In« eine ernsthafte Zustimmung möglich. Dabei sind am Beginn alle Funktionen ausgeschaltet, nur wenn der Nutzer aktiv sagt: »Ja, ich will das« und eine Funktion aktiviert, erfolgt die Übermittelung von Daten und nicht umgekehrt. Sie kennen das bei Newslettern im Internet: Heute müssen Sie oft vorausgefüllte »Zustimmungen« abwählen (Opt-Out), um keinen Newsletter zu bekommen. Wenn die Software datenschutzfreundlich und rechtskonform programmiert wäre, müssten Sie hingegen aktiv ein Häkchen setzen, damit Sie weitere E-Mails bekommen.

Ein Weg zu ernsthafter Information der Nutzer sind beispielsweise »eingebettete Informationen«. Immer wenn Sie eine neue kritische Funktion das erste Mal aktivieren oder nutzen, bekommen Sie eine kurze Information zu dieser Funktion, anstatt irgendwo 20 Seiten Datenschutzbedingungen zu verstecken, die kein Mensch liest. Das hat Facebook teilweise vorgeschlagen, nur leider nie ordentlich umgesetzt.

Sogenannte »modulare« Datenschutzbedingungen erlauben auch die übersichtliche Zusammenfassung der komplexesten Systeme. Dabei finden Sie in der ersten Info kurz und bündig alles, was Sie wissen müssen. Wenn Sie zu einem Teil mehr Details haben wollen, gibt es eine zweite Ebene mit genaueren Infos dazu. Das ist vor allem für sehr große und komplexe Systeme, wie etwa Google, Facebook & Co eine sinnvolle Option.

Wenn die richtige Umsetzung solcher Praktiken erfolgt und sie sich zum Standard entwickeln, unterstützt das den Nutzer, im Alltag seine Daten zu kontrollieren und viele Gefahren zu entschärfen. Wichtig ist dabei vor allem, auf eine einfache Nutzbarkeit zu achten, um nicht einen neuen Wald voller Zustimmungsboxen aufzubauen.

Für Unternehmen ist eine ordentliche datenschutzfreundliche Planung von Software der einzige Weg, am Ende gesetzeskonforme Dienste anzubieten. Auch das Vertrauen der Nutzer und die einfache Nutzbarkeit von Software könnten sie dadurch endlich steigern. Konflikte mit den Behörden und den eventuell kostspieligen nachträglichen Umbau von Systemen könnten sie ebenso verhindern wie diverse Datenschutzskandale.

Kurzum: »Privacy by Design« ist ein wichtiger Schlüssel zur Lösung. Warum tut das noch keiner? Weder liegt es weder an der technischen Machbarkeit noch an der Rechtslage. In der Praxis liegt es nur am Geld. Die meisten Unternehmen wollen einfach so viele Daten wie möglich und so wenig Datenschutz wie möglich haben. Systeme datenschutzfreundlich zu programmieren, kann auch manchmal etwas aufwendiger sein, was sich dann in Extrakosten niederschlägt. Viele bedenken das Thema auch einfach nicht. Auf der anderen Seite gibt es praktisch keine Strafen, wenn Unternehmen sich nicht an die gesetzlichen Vorgaben halten, und irgendwelche Datenschutzprobleme werden schon nicht passieren. Ergo: Drauf geschissen!

Die EU-Kommission hat im derzeit debattierten Vorschlag zu einer EU-Datenschutzreform vorgesehen, dass es eine Pflicht zu »Privacy by Design« gibt. Es ist zwar absurd, dass man Unternehmen nochmal extra vorschreiben muss, dass sie beim Planen von Software an die Gesetze denken sollen aber anscheinend ist es nötig. Viel wichtiger als diese gesetzgeberische »Extraeinladung« wären aber vermutlich empfindliche Strafen, wenn das Produkt am Ende nicht datenschutzfreundlich ist, denn am Ende geht es bei dieser Frage primär ums Geld.

34. Wettrüsten 2.0

Gerade in der Informatiker- und Hackerszene ist die Antwort auf Überwachung und Datenhandel meistens: Wettrüsten! Wenn die Unternehmen Cookies haben, dann installieren die wettrüstenden Nutzer Plugins, die Cookies wieder löschen. Wenn die Konzerne unsere Konten via E-Mails verknüpfen, dann haben immer mehr Nutzer eine »Catch-All-E-Mail« und geben bei jedem Unternehmen eine andere E-Mail an, bis die Datenbank vor lauter verschiedenen E-Mailadressen überquillt. Wenn der Staat Vorratsdaten speichert, betreiben die Informatiker ihre eigenen Mailserver und telefonieren übers Netz. Wenn die Unternehmen ihren Traffic scannen und ihre IP-Adressen ausspähen, dann nutzen die Geeks VPN-Dienste und das Tor-Netzwerk. Wenn die Konzerne und Staaten ihre E-Mails durchsuchen, dann verschlüsseln sie ihre E-Mails mit PGP. Wenn Unternehmen ihren Namen wissen wollen, dann geben sie eben jedes Mal einen anderen Namen an. Es gibt so viele Arten, sich zu schützen oder die Überwachung zumindest komplizierter zu machen, dass man darüber eigene Bücher schreiben könnte. In eigenen Seminaren können auch Laien lernen, wie sie sich im Netz hochrüsten können. Ein Wettrüsten zwischen den Überwachern und vielen Nutzern läuft heute schon auf vollen Touren.

Diesem Spiel sehen aber auch die Unternehmen und die Staaten nicht ganz tatenlos zu: Wenn genug Leute etwas blockieren, kommt der Gegenangriff der Industrie. Nachdem genug Leute endlich wussten, was ein Cookie ist und wie man es löscht, kamen die »Flash Cookies«, die einfach in einem anderen Speicher auf dem PC hinterlassen wurden.

Wenn eine Regierung Seiten »sperrt« und dafür die DNS-Server manipuliert, schalten die Nutzer auf andere DNS-Server um. Kaum tun das genug Nutzer, filtert die Regierung wiederum die IP-Adressen der Seiten. Wenn Nutzer dann über VPN aus dem betroffenen Staat

»hinaustunneln«, dann folgt eben die Sperrung der VPN-Betreiber. So oder so ähnlich läuft das digitale »Hochrüsten« in China, der Türkei oder auch bei den Filtern von Webseiten im Westen ab.

Unternehmen haben auch schon lange diverse Systeme entwickelt, um falsche Angaben zu erkennen oder zu errechnen. Da können Sie noch so obskure Daten angeben, am Ende kann man diese Daten meist doch wieder zusammenführen. Vor allem E-Mails oder Telefonnummern sind ein verlässlicher Schlüssel, um »Mizzi« und »Maria« auch für einen Computer als eine Person erkennbar zu machen.

Legendär war eine Aktion von Facebook: Viele Nutzer gaben falsche Namen an, im naiven Gefühl, anonym zu sein. Stellen Sie sich nun aber vor: Facebook hat auch die Daten aus den Kontaktbüchern von 50 der Freunde über Handy-Apps eingelesen. Darin ist auch der echte Name gespeichert. Es braucht keinen sehr komplizierten Algorithmus, um auszurechnen, dass bei einem Verhältnis von 50:1 der angegeben Name wohl falsch ist. Was tat Facebook also? Das Programm fragte die Freunde des Nutzers, ob der Name stimmt und blockierte im Zweifelsfall die Nutzer, bis sie ihren richtigen Namen eintippten. Natürlich hatte das trotz direkter zeitlicher Nähe laut Facebook nichts miteinander zu tun. Wer's glaubt, wird selig.

Aber auch bei staatlicher Überwachung ist es nicht so einfach. Stellen Sie sich vor, alle Telefonate und Nachrichten sind von Ende zu Ende verschlüsselt. Das würde bedeuten, dass auch die Telekom oder Ihr E-Mail-Provider diese Informationen nicht mehr auslesen können. Nur noch auf Ihrem Endgerät wäre es möglich, eine Nachricht zu entschlüsseln. Wer den Code auf Ihrem Endgerät nicht hat, sieht nur Buchstabensalat. In wenigen Monaten würde Ihr dann aktueller Innenminister die »Quellenüberwachung« fordern. Also das staatliche Eindringen in private Computer, um eben dort zur Nachrichtenüberwachung die Codes auszulesen. Und das erfolgt mit guten Argumenten: Wie wollen Sie denn eine vollkommen legale Telefonüberwachung machen, wenn alles verschlüsselt ist?

Es ist also ein endloses Hase-Igel-Spiel, ein endloses Hochrüsten beider Seiten. Wenn wir bei diesem Wettrüsten vor der großen Welle der Durchschnittsnutzer sind, dann haben wir gute Chancen, durch die Netze der Überwachung zu flutschen. Für die Gesamtbevölkerung ist die Strategie aber nicht wirklich hilfreich. Es ist, wie wenn wir anfangen würden, mit Panzern durch unsere Städte zu fahren, wenn es eine Mordserie gibt. Anstatt die Ursache aufzuspüren und so das Problem zu lösen, umgeht man nur die Konsequenzen. Jede Seite baut täglich eine höhere Mauer, nur um festzustellen, dass morgen daran eine höhere Leiter lehnt.

Das bedeutet zwar nicht, dass Sie sich nicht mit den Optionen vertraut machen sollten, die Ihren Computer, Ihr Handy oder Ihre E-Mails sicherer machen. Es sollte auch zum Standard werden, dass Daten im Netz nicht offen, sondern verschlüsselt herumschwirren, allein um sich gegen verbrecherische Datendiebe und ähnliche Phänomene der Unterwelt zu schützen. Aber gegenüber den großen Konzernen und unseren Staaten sollte uns am Ende doch etwas Würdigeres und Sinnvolleres einfallen, als ein endloses, beiderseitiges digitales Wettrüsten.

35. Datenschutz-Guerilla

Auch wenn also Wettrüsten unsere Probleme nicht lösen wird, so ist es doch auch für den Normalnutzer möglich, zumindest symbolischen Widerstand zu leisten. Das ist »Datenschutz-Guerilla«.

Geben Sie einfach keine Daten mehr an, wenn es nicht absolut nötig ist. Geben Sie, wenn möglich, keine vollständigen Daten an, oder geben Sie voneinander abweichende Daten an. Wie viele Varianten gibt es für Ihren Vornamen? Bestellen Sie doch Ihre Kundenkarte auf »Max Mustermann« oder »Donald Duck«. Die meisten Unternehmen prüfen die Angaben ohnehin nicht. Ihre Adresse kann man sicher auch verschieden schreiben. die »Hauptstraße« kann man auch als »HAUPTSTRASSE«, Hauptstr.«, »Haupts.« und so weiter schreiben. Schon mal kyrillische, griechische oder sonst irgendwelche anderen Schriftarten verwendet? Computer können solche Versuche, die Systeme mit inkonsistenten Daten vollzustopfen, zwar oft rekonstruieren, aber nicht immer.

Stellen Sie ihre Browsereinstellungen so um, dass Cookies nach dem Schließen wieder gelöscht werden. Sehen Sie sich nach Plugins für Ihren Browser um, die Tracking so weit wie möglich unterbinden. Stellen Sie Ihre E-Mails auf eine verschlüsselte Übertragung um. Nutzen Sie Alternativen zu den dominanten Unternehmen. Zahlen Sie vielleicht ein paar Euro im Jahr für ein E-Mail-Konto bei einem vertrauenswürdigen Anbieter. Nutzen Sie Kundenkarten nur, wenn Sie sicher sind, was mit den Daten passiert und es wirklich Vorteile gibt, die sich auszahlen. Meistens verdient das Unternehmen an den Karten mehr als Sie. Mit solchen Mitteln kann jeder einen kleinen Beitrag leisten, die Datenflut nicht ohne Gegenwehr weiter steigen zu lassen.

Es geht aber noch mehr: In Europa haben Sie gewisse Rechte auf Ihre Daten. Sie müssen nur genützt werden! Sehen Sie mal in Ihren Verträgen, wie zum Beispiel bei Handy, Strom, Gas, et cetera nach, ob Sie dort der Weitergabe Ihrer Daten zugestimmt haben. In vielen Ländern können Sie solche Zustimmungen zurücknehmen. Das geht schon mit einem einfachen Brief oder E-Mail an das jeweilige Unternehmen. Wenn Sie einen neuen Vertrag unterschreiben, können Sie diese Klauseln auch einfach rausstreichen. Die Daten landen dann zumindest nicht mehr legal bei Kreditbüros, Adresshändlern und sonstigen unliebsamen Stellen. Das gilt natürlich nicht für die Weitergabe an Stellen, die Ihre Daten für die Vertragserfüllung brauchen, wie zum Beispiel den Lieferdienst.

Auch ein Auskunftsersuchen ist immer ein Blatt Papier wert. Sie können als Betroffener an jedes Unternehmen schreiben und eine Kopie aller Ihrer Daten, die Quellen dieser Daten und die Empfänger dieser Daten bekommen. Zusätzlich soll Ihnen das Unternehmen auch noch den Zweck der Verarbeitung erklären. In den meisten EU-Ländern, wie Deutschland und Österreich, ist das einmal im Jahr kostenlos. Aber auch bei den meisten US-Unternehmen haben die Menschen so ein Recht auf »Selbstauskunft«, wenn diese unter dem »Safe Harbour«-System arbeiten. Anleitungen finden Sie im Internet. Außer einem Identitätsnachweis, wie zum Beispiel die Kopie des Ausweises, und einer Unterschrift, ist nicht viel anzugeben. Es gibt sogar Webseiten, die das automatisch für Sie machen. Mit einer Datenauskunft bekommen Sie nicht nur einen Überblick über alles, was Kreditauskunfteien, Kundenkarten, Handybetreiber, Banken oder der Staat über Sie speichern, sondern Sie setzen auch ein Zeichen des Widerstands. Solche Selbstauskünfte sind nicht nur eine Unmutsbekundung, sie stellen auch einen gewissen Verwaltungsaufwand dar.

Über diesen Weg haben wir damals von Facebook drei Daten-PDFS mit bis zu 1.222 Seiten pro Nutzer bekommen. Darin waren auch viele Daten enthalten, die bereits gelöscht waren oder Facebook eigentlich nie hätte haben dürfen. Also Daten, die offensichtlich illegal gespeichert wurden. Als wir nachfragten, warum Facebook so blöd war, uns diese Daten zu schicken und sie diese nicht einfach unterdrückt haben, kam die ehrliche, aber eher erstaunliche Antwort: »Wir hatten interne Kommunikationsprobleme«. Es war also irgendwer in Kalifornien so dumm, viele illegale Daten einfach so herauszugeben, ohne Rücksprache mit der Rechtsabteilung zu halten. Wir konnten genau diese Daten später als Beweis gegen Facebook verwenden und damit eine Lawine lostreten. Herumstochern zahlt sich also immer wieder aus.

In vielen Ländern der EU gibt es auch öffentliche Register, in denen die Unternehmen eintragen müssen, welche Datenverarbeitungen sie vornehmen. Eine große Ausnahme ist da Deutschland. In den anderen Ländern ist jedenfalls auch ein Blick in diese Register oft spannend. Vor allem, wenn es Ihr Arbeitgeber ist oder ein Unternehmen, an dem Sie aus anderen Gründen ein großes Interesse haben. Es ist immer gut zu wissen, was die anderen so tun.

Wenn Sie, etwa nach einem Auskunftsersuchen, mitbekommen, dass ein Unternehmen falsche oder illegal gesammelte Daten speichert, können Sie diese übrigens auch richtigstellen oder löschen lassen. Wenn ein Unternehmen Daten nicht gelöscht hat, obwohl sie gar nicht mehr notwendig sind, gilt das ebenfalls.

Funktioniert irgendetwas davon nicht oder werden Sie von einem Unternehmen für dumm verkauft, können Sie sich auch jederzeit gratis an die lokale Datenschutzbehörde wenden. Diese bezahlen Sie von Ihren Steuergeldern, damit sie Ihnen hilft. In der Praxis ist ein E-Mail mit einem Hilfeersuchen an die Behörde leider auch immer wieder nötig. Viele Unternehmen halten sich schlichtweg nicht an die Gesetze oder versuchen, die Kunden mit irgendwelchen Halbwahrheiten abzuspeisen. Die Erfahrung zeigt, dass Sie zu 90% nicht die volle Wahrheit in der ersten Antwort auf Ihr Auskunftsersuchen bekommen. Ein zweites E-Mail mit der Drohung, sich bei der Behörde zu beschweren, hilft hier meistens etwas weiter. Wenn schlussendlich auch eine Beschwerde nicht hilft, dann wissen

Sie aber zumindest, welche Unternehmen es mit dem Datenschutz in der Praxis ernst nehmen und welche nicht. Auch ein Gewinn!

Nicht zuletzt ist Datenschutz-Guerilla auch mit einer kleinen Fortbildung der Unternehmen verbunden: Als ich zuletzt einen Handyvertrag unterschrieben habe, schickte ich kurz darauf einen »Widerruf« zur Weitergabe meiner Daten an Kreditauskunfteien. In den Bedingungen stand ja ausdrücklich »bis auf Widerruf stimmt der Kunde ... zu«. Tags darauf bekam ich einen Anruf auf meinem neuen Handy von der Rechtsabteilung: »Sie können ja nicht einfach widerrufen!« – »Doch, steht ja so in eurem Vertrag, oder?« – »Ja, schon, aber die Daten gehen doch in unserem System automatisch an die Kreditbüros.« – »Naja, dann müsst ihr das System eben umstellen.« Ein paar Tage später haben sie mich abermals angerufen und mir versichert, dass meine Daten nicht mehr direkt an die Kreditauskunfteien gingen. Ein weiteres Unternehmen lernte dazu.

Viele kleinere Unternehmen bekommen auch durch solche Anfragen das erste Mal mit, dass sie Pflichten haben und prüfen ihre interne Datenverwendung durch solche externen Anstöße. Auch hier haben Sie mit einem E-Mail oder einem Brief schnell viel Gutes für ein Grundrecht und unsere Privatsphäre getan.

Generell ist Datenschutz-Guerilla also durchaus unterhaltsam und auch immer wieder recht sinnvoll, aber am Ende ist es natürlich ein Kleinkrieg, der zwar die echten Bösewichte nervt aber sie leider nicht aufhalten wird. Gerade bei kleinen Unternehmen sollte man es auch nicht zu bunt treiben und sich auf sinnvolle Anfragen beschränken. Querulantentum hilft dem Datenschutz eher nicht weiter. Wie beim Klimawandel kann aber jeder einen Beitrag leisten, um das Bewusstsein zu steigern und etwas Widerstand zu demonstrieren, bis wir die großen Lösungen vollbracht haben.

36. Bewusstseinsbildung

Wie bei allen großen Problemen sind die Bewusstseinsbildung, die Information und das Wissen der Betroffenen Eckpunkte. Allein schon für eine demokratische Diskussion und breite Meinungsbildung ist es entscheidend, dass jeder weiß, was mit seinen Daten passiert.

Heute bringen wir unseren Kindern in 12 Jahren Schule vom Häkeln bis zur komplexen Physik, Chemie oder hochakademischen Rechenmodellen alles bei. Nur das Innenleben der Computer, der Netze oder Handys, die wir heute viel mehr nutzen als jedes andere Werkzeug, wird großteils vernachlässigt. Es reicht uns aus, dass wir damit arbeiten können, das Verstehen ist nebensächlich.

Einen Computer nicht nur zu nutzen, sondern zumindest auch in Grundzügen zu verstehen, wie er funktioniert, ist heute eine Frage der Allgemeinbildung. Auch Grundkenntnisse im Programmieren und Gestalten dieser Systeme ist nicht mehr ein Fall für spezielle technische Studien oder Lehrgänge, sondern wir müssen es schon längst als Kulturtechnik verstehen.

Ebenso wie wir in Wirtschaftskunde die Vor- und Nachteile von Wirtschaftssystemen lernen oder in Biologie über die Gefahren von Drogen sprechen, müssen wir auch eine informierte, wissende und kritische digitale Generation ausbilden. Es wäre unverzeihlich, wenn wir dieses Potential nicht erkennen und nutzen. Dabei spielt Datenschutz in Wirklichkeit nur eine Nebenrolle. Jeder Lehrer und jeder Verantwortliche kann aber einen Schritt in diese Richtung setzen. Viele tun das auch heute schon. So bekamen wir unzählige Anfragen von Lehrern und Schülern zu unserem Facebook-Fall und den Erfahrungen, die wir dabei machten.

Natürlich reicht es nicht, wenn wir erst in ein paar Jahren ernsthaften, strukturierten und vollumfänglichen Unterricht für IT-Themen anbieten. Wir müssen auch heute schon das Wissen und das Bewusstsein steigern.

Ein große Hilfe für die Bewusstseinsbildung waren die NSA-Enthüllungen von Edward Snowden. Was bisher nur ein Fall für eingefleischte Verschwörungstheoretiker war und selbst die Datenschutzwelt eher nicht für möglich gehalten hat, schaffte es in die Topmeldungen der weltweiten Abendnachrichten. Die Welt konnte dem Thema Datenschutz erstmals nicht mehr entgehen. Ironischerweise waren viele Datenschützer froh über diesen Skandal, da die breite Masse das Thema damit endlich realisiert hat. Wie so oft kam die gesellschaftliche Bestätigung der »frühen Warner« mit dem ersten großen Desaster. Der Geheimdienstskandal war wohl das erste wirkliche »Tschernobyl des Datenschutzes«. Es bleibt zu hoffen, dass wir daraus lernen.

Ein großes Problem ist dabei, dass wir von sehr abstrakten, nicht greifbaren Problemen sprechen. Wie mich der österreichische Fernsehmoderator treffend fragte: »Wie filmen Sie Datenschutz? Wie zeigen Sie verlorene Freiheit? Wie werden solche abstrakten Begriffe für den Durchschnittsnutzer sichtbar?« Die Vermittlung dieser Probleme braucht viel Aufwand, viel Können und Engagement. Das Bewusstsein bei Menschen zu bilden ist hier nicht so leicht, wie bei Autounfällen oder einer Feuersbrunst. Die Gefahr, vor der wir warnen müssen, ist nicht greifbar, nicht sichtbar und doch omnipräsent.

Das Problem allein über Bewusstseinsbildung zu lösen, bleibt aber illusorisch. Dazu müssten alle Bürger zu IT-Experten werden. Wir leben heute einfach in einer zu komplexen Welt, als dass jeder Mensch alle Vorgänge des Alltags versteht und voll informiert ist. Wir müssen uns auf Experten verlassen, die sicherstellen, dass unsere Kraftwerke nicht explodieren, unsere Häuser nicht zusammenfallen und unsere Flugzeuge nicht abstürzen.

Keiner von uns weiß, wie ein Atomkraftwerk genau funktioniert und welche Komponenten wie gefährlich sind. Wir können aber generell verstehen, was Strahlung ist, dass Uran irgendwie Hitze erzeugt, Wasser verdampft und der Wasserdampf einen Generator antreibt. Wir können verstehen, dass der Atommüll aus der Perspektive eines einzelnen Menschen endlos irgendwo weiterstrahlt. Außerdem kennen wir die Bilder aus Tschernobyl und Fukushima. Wir wissen, dass Atomkraft aus irgendwelchen Gründen billiger verkauft wird als Ökostrom und dass er generell CO_2-neutral ist. Wir können uns damit eine grobe Meinung zur Atomkraft bilden. Solches Basiswissen ist das Mindestmaß, das wir auch bei IT-Themen erreichen müssen. Leider ist dieses Grundwissen heute nicht weit verbreitet und noch dazu von viel »Bullshit« überlagert, den wir erst mal wegräumen müssen.

Der Normalnutzer kann also immer nur grob Bescheid wissen, kann Vorteile und offensichtliche Fehler erkennen. Ein Basiswissen ist aber für die öffentliche Diskussion und einen verantwortungsbewussten Umgang unerlässlich. Für den Rest müssen wir auf Experten und Spezialisten vertrauen können. Bewusstsein und Wissen können also für ein breites Grundverständnis sorgen und sind damit ein riesiger Schritt, aber nur die Bewusstseinsbildung alleine wird die Probleme eher nicht lösen.

37. Schaffung von Alternativen

Nun könnten Sie der kritischste und informierteste Nutzer der Welt sein, wenn Sie keine datenschutzfreundlichen Alternativen haben, bleibt Ihnen nichts übrig als wieder mit einem gekonnten Griff ins Klo ein Produkt aus dem Hause Google, Facebook oder Apple zu kaufen. Wissend um die Probleme, liefern Sie sich wieder ans Messer.

Wir müssen daher schleunigst die derzeitige Situation bereinigen. Die heutigen Monopole oder Oligopole, die nicht im Interesse des Marktes oder der Kunden, sondern primär im eigenen Interesse arbeiten, müssen wir dringend angehen. Das betrifft nicht nur den Datenschutz, sondern auch viele Probleme am digitalen Markt. Es betrifft auch nicht nur die Nutzer, sondern auch Unternehmen, die bei Werbung, Vertrieb und Software heute praktisch keine Alternativen haben.

Gerade im Bereich der Software braucht es dringend innovative, offene und von einem anderen Geist beseelte Hersteller. Hier hat Europa Aufholbedarf, um nicht endgültig den Anschluss zu verlieren. Immer wieder geistert die Idee eines »Software-Airbus« durch die Konferenzsäle. Die Idee ist, das alte Konzept des Boeing-Konkurrenten Airbus auszugraben und eine europäische Allianz von Softwareschmieden zu installieren. Diese Allianz soll dann groß und innovativ genug sein, um es mit den großen US-Unternehmen aufzunehmen. Ob allein die Größe heute in der IT-Industrie der entscheidende Faktor ist, weiß ich nicht. Jedenfalls fehlt uns aber ein europäisches »Silicon Valley«, eine Gründerszene und schlaue Köpfe, die nicht wegen der besseren Bedingungen sofort in die USA laufen. Wir brauchen das nicht aus protektionistischen Gründen, sondern weil im internationalen Wettbewerb viel Potential für noch bessere Lösungen steckt.

Kurzfristig kann Europa aber ebenfalls eingreifen: Wenn die IT-Giganten jedes zarte Pflänzchen einer Alternative aufkaufen und damit ihre Monopole auch am europäischen Markt absichern, kann über das Kartellrecht eingeschritten werden. Hier braucht es vermutlich auch neue Regeln, aber schon unter den bisherigen Gesetzen wurde der IT-Bereich da schon durchaus aktiv. Das bekannteste Beispiel in diesem Bereich waren die Strafen gegen Microsoft, die ihre Marktmacht mit den Windows-Betriebssystemen auch für andere Produkte ausgenützt hatten. Wenn nun Facebook, Apple oder Google immer weiter Konkurrenzdienste für absurde Milliardenbeträge aufkaufen, ihre Systeme abschotten und ihre Marktmacht ausnützen, wäre es höchst an der Zeit, hier ebenfalls aktiv zu werden, um den freien Markt zu schützen.

Eine weitere kurzfristige Maßnahme wäre eine gesetzliche Verpflichtung zu offenen Systemen. Viele der heutigen Monopole sind primär durch absichtliche technische Inkompatibilität entstanden und gesichert. Die Stärke und die Innovationskraft des Internets und der IT werden dabei durch Unternehmen mutwillig blockiert. Sie setzen statt auf die besten Produkte vor allem auf Abschottung. Das ist zwar eine intelligente Geschäftsstrategie, sie ist aber in keiner Weise unterstützenswert oder legitim.

Es gibt keinen Grund, warum die Nutzer auf einem Apple-Gerät nicht auch freie Apps installieren können sollten, außer dass Apple dann nicht mehr 30% bei jedem Download mitschneidet. Es gibt keinen Grund, weswegen wir nicht von einem Messenger zu einem anderen schreiben könnten. Das war schon vor vielen Jahren unter dem Namen »Jabber« möglich, ist heute aber bei Facebook, WhatsApp und den anderen Messengern nicht mehr vorgesehen. Es gibt auch keinen Grund, weswegen Unternehmen nicht mit offenen sozialen Netzwerken dem Nutzer die Möglichkeit geben, das für ihn ideale Netzwerk auszusuchen, um dort seine Daten zu parken und trotzdem mit anderen Freunden auf anderen Netzwerken zu schreiben. Außer natürlich, dass Facebook dann einen Exodus zu besseren Netzwerken befürchtet. Bei vielen anderen Systemen sieht es nicht anders aus.

Was bei traditionellen Systemen wie E-Mail, Telefon, SMS und dem www vollkommen normal ist, nämlich Interoperabilität und offene Systeme, untergraben Unternehmen mit großer Marktmacht zunehmend. Alternative Anbieter mit besseren Produkten haben dadurch oft keine Chance, sich durchzusetzen, und Nutzer haben nur mehr wenig Wahlmöglichkeiten. Das gehört dringend unterbunden.

Ein Beispiel: Stellen Sie sich vor, Sie können auf Ihrem Computer nur noch Programme des Herstellers installieren. Oder stellen Sie sich vor, Sie können nur noch zu E-Mail-Adressen bei Ihrem eigenen Anbieter schreiben oder nur noch innerhalb Ihres Handynetzes telefonieren. Alle anderen Nummern und E-Mail-Adressen wären ab sofort nicht mehr erreichbar. Vollkommen absurd aber gleichzeitig die tägliche Realität bei Facebook, Apple und Co.

Gefordert wäre hier der Gesetzgeber, der auch bei digitalen Diensten eine Marktöffnung verordnen könnte. Das wäre auch nichts sonderlich Neues, da dies bei Gasnetzen, Stromnetzen, Telefonnetzen, Bahnnetzen und vielen anderen Diensten des täglichen Lebens bereits gemacht wurde. Technisch wäre das oft leicht möglich. Apple zu verdonnern, alternative App-Stores zu erlauben, wäre schnell gemacht. Dann würden sicher auch viele Softwareentwickler zweimal überlegen, ob sie Apple bei jedem Download »freiwillig« gut ein Drittel der Einnahmen überlassen. Die Nutzer haben keine Nachteile zu befürchten. Sie können weiter wählen, ob Sie beim Apple-Store oder bei einem anderen ihre Apps kaufen. Messenger zu verbinden wäre auch kein Problem. Offene Messenger-Protokolle wie »Jabber« gibt es wie gesagt seit Jahren. Arbeitsgruppen haben auch schon an passenden Protokollen für offene soziale Netzwerke gearbeitet.

Auch für die Wirtschaft wäre es positiv, wenn Werbekunden, Seitenbetreiber oder Softwareentwickler nicht mehr von den oft willkürlich agierenden und unfairen Monopolisten abhängig wären, sondern sich dynamisch bessere Alternativen entwickeln könnten. Auch die Seitenbetreiber auf Facebook, die Werbekunden bei Google oder die App-Entwickler sind mit der derzeitigen Lage meist nicht sonderlich glücklich, nur haben Sie keine realistischen Alternativen. Das Schöne an der Idee von offenen Systemen wäre, dass sie politisch durchaus in allen Lagern akzeptabel wären. Die Konservativen und Liberalen hätten ihren freien Markt, und Politiker links der Mitte könnten mit der Einschränkung von privaten Monopolen generell auch gut leben. Schlussendlich hätten auch die Giganten des Netzes theoretisch keinen Grund zur Furcht: Wenn sie, wie sie immer behaupten, wirklich die besten Dienste anbieten, dann würden auch bei offenen Systemen weiter alle Nutzer ihre Dienste vorziehen. Ob sich dieses Postulat dann jedoch wirklich als richtig herausstellt, werden wir sehen. Viel wahrscheinlicher ist, dass wir im Interesse der Kunden viele neue, innovative und individuelle Dienste sehen würden, welche bisher die Macht der Monopole verhindert.

Am Ende würde natürlich auch der Datenschutz gewinnen, weil Kunden wirklich eine Wahl hätten zwischen verschiedenen Lösungen, und nicht wie heute de facto gezwungen wären, alles zu schlucken, wenn sie nicht in einer von der Gesellschaft isolierten Steinzeit aufwachen wollen. Eine Netzöffnung wäre daher ein Schritt, der auch viele Datenschutzprobleme über die Mechanismen des Marktes lösen würde. Die politische Umsetzung erscheint derzeit allerdings eher unwahrscheinlich.

38. Aktiver Grundrechtsschutz

Der wichtigste Schlüssel für echten Datenschutz wird aber am Ende die aktive Durchsetzung unserer Grundrechte sein. Die Chancen stehen nicht schlecht, dass wir in Europa den »Goldstandard« für informationelle Selbstbestimmung und Datenschutz irgendwann nicht nur in Büchern stehen haben, sondern auch in die Tat umsetzen können.

Am Ende ist die EU der größte Markt weltweit. Kein globaler Konzern kann diesen Markt ignorieren und seine Produkte hier nicht anbieten. Wenn ein internationaler Konzern diesen Markt nicht bedient, gibt es auch schnell eine europäische Alternative. Diese Macht des EU-Markts ist auch in Brüssel bekannt. Dort will man durch ein strengeres und einheitliches EU-Datenschutzgesetz diesen Standard setzen. Auf Bürokratisch heißt dass dann »Datenschutzgrundverordnung«.

Vor allem ausländische Konzerne haben jedoch Angst vor diesen hohen EU-Standards. Weil die Dienste der IT-Multis weltweit vernetzt sind, können oder wollen sie oft keine europäischen Abweichungen einführen. Der EU-Standard wäre damit praktisch ein globaler Standard, den jedes weltweite Produkt erreichen müsste. Der Widerstand ist entsprechend massiv. Ein wahrer Lobbykrieg um unseren Datenschutz fand in den vergangenen Jahren in Brüssel und in unseren Hauptstädten statt. Viele EU-Abgeordnete und Beamte sprechen von einer Lobbyschlacht, die sie selbst in Brüssel so bisher noch nicht gesehen haben. Vor allem die US-Industrie und auch die US-Regierung gehen aktiv gegen einen ernsthaften Grundrechtsschutz vor. Kaum war ein aktiver Grundrechtsschutz auf der Agenda, sprossen die Büros von Facebook, Google und Co wie Pilze aus dem Brüsseler Boden.

Aber auch die europäischen Unternehmen lobbyieren natürlich kräftig. Sie hoffen, endlich Löcher in die Grundrechte der Konsumenten zu bohren oder nationale Ausnahmen auf EU-Ebene verankern zu können. Viele EU-Unternehmen wollen aber vor allem ein einheitliches Spielfeld und gleiche Regeln für alle am europäischen Markt agierenden Unternehmen. Sie wollen nicht mehr zusehen, wie US-Unternehmen am gleichen Markt konkurrieren, ohne sich auch nur im Entferntesten an die Gesetze zu halten. In diesem Punkt herrscht zumindest in Europa Einigkeit.

Ob das EU-Datenschutzprojekt erfolgreich sein wird, steht wohl erst in ein paar Jahren fest. Vor allem die Umsetzung in der Praxis wird der Maßstab sein. Eine Verschärfung der Gesetze ist aber zumindest ein erster Schritt, sich nicht nur hinzustellen, mit dem Finger auf die »bösen Unternehmen« zu zeigen und dann ein Bier trinken zu gehen. Erstmals ist ein ernsthaftes Projekt auf dem Weg. »Empört euch!« war der erste Schritt, und jetzt gilt es »Tut was!« zu rufen und einen aktiven Grundrechtsschutz in die Realität umzusetzen.

Grundrechtsdumping verhindern

Ein erster Schritt auf diesem Weg zum aktiven Grundrechtsschutz ist es, das derzeitige »Grundrechtsdumping« zu unterbinden. Heute können sich vor allem Internetunternehmen relativ leicht das niedrigste Datenschutzniveau in Europa aussuchen. Da es 28 Datenschutzgesetze und noch mehr Behörden gibt, haben Unternehmen durchaus eine breite Auswahl. Derzeit gelten vor allem die »Inseln«, also Großbritannien und Irland, als Paradies für Datensammler, sie sind sozusagen die Cayman Islands für Datenbarone.

Der beste Grundrechtsschutz in unseren Heimatländern ist aber sinnlos, wenn die Unternehmen ihren Sitz in einem solchen Datenschutzparadies haben. Wir müssen daher dringend Mechanismen entwickeln, damit Unternehmen sich nicht das schwächste Glied aussuchen und laxer Datenschutz am Ende ein Standortvorteil in Europa wird. Grundrechtsdumping ist inakzeptabel.

Die EU hat im Rahmen der diskutierten Datenschutzreform ein einheitliches Gesetz für die gesamte EU vorgeschlagen. Das löst viele Probleme, aber am Ende wird auch die Durchsetzung dieses Gesetzes in allen Mitgliedsstaaten kontinuierlich überprüft und kontrolliert werden müssen. Wenn es hier nicht massiven Druck gibt, müssen wir weiter zusehen, wie vor unseren Augen Grundrechtsdumping betrieben wird, dann eben unter einem einheitlichen EU-Gesetz.

Leistungsfähige, aktive Behörden

Heute sind für Datenschutz in Europa die von den Regierungen offiziell unabhängigen Datenschutzbehörden zuständig. In jedem Mitgliedsstaat gibt es zumindest eine davon. Sie sollten eigentlich starke Tiger sein, die den Staat und die Datenwirtschaft kontrollieren. Sie sollten die Datenverarbeitung durch Unternehmen und Staaten überprüfen und auch Strafen verhängen, wenn sich jemand nicht an die Gesetze hält, das besagt zumindest die Theorie. Die Realität sieht anders aus. Einige der nationalen Behörden haben sich dem »Laissez-faire-Stil« verschrieben und sehen dem illegalen Treiben regungslos zu. Sie verstehen sich als Nachtwächterbehörden, deren primäre Aufgabe die Unterstützung der Unternehmen (!) bei Problemen ist, nicht jedoch der Schutz der Bürger. Abgesehen von diesen Extremfällen im Club der Behörden fehlt es heute aber in allen Staaten an Personal, ausreichenden Kompetenzen und scharfen Untersuchungsrechten. Mancherorts kommt dann noch fehlender Wille und fehlender politischer Rückhalt hinzu.

Viele Behördenchefs kommen heute zum Glück noch aus einer Zeit, in der sich nur ein paar »Geeks« mit Datenschutz beschäftigten. Diese »alte Besatzung« besteht oft aus überzeugten Kapazundern des Datenschutzes. Neuere Bestellungen kratzen aber immer wieder an der Glaubwürdigkeit der Entscheidungsträger und hinterlassen mitunter den Eindruck, dass man in einigen Ländern eher keine zu enthusiastischen Grundrechtsschützer will und daher nach Möglichkeit umbesetzt.

Angesichts der immer größeren Probleme brauchen wir aber schleunigst in jedem Mitgliedsstaat eine leistungsfähige Behörde. Diese Behörden benötigen ausreichend Personal, das nicht nur juristisch, sondern auch technisch bestens ausgebildet ist. Wir müssen außerdem sicherstellen, dass diese Behörden den politischen Rückhalt haben, auch tatsächlich etwas zu tun. Die Chefs müssen nicht nur tatsächlich unabhängig sein, sondern vor allem auch den Willen zur Durchsetzung der Grundrechte in sich tragen.

Das bedeutet nicht, dass diese Behörden bei jeder Kleinigkeit den großen Holzhammer herausholen oder Unternehmen permanent öffentlich anschütten sollten. Ihren Zweck sollten diese Behörden aber durchaus aktiv verfolgen, andernfalls stellt sich die Frage, warum es sie überhaupt gibt. Versorgungsposten gibt es woanders auch.

Die Beamten in diesen Positionen brauchen auch ein ordentliches Rückgrat, wenn sie sich mit Technologien anlegen, die als modern, innovativ und daher als nicht hinterfragbar gelten. Es ist wirklich nicht einfach, Unternehmen zu beschränken, die schon fast zu einer Art Ersatzreligion für viele unserer Mitbürger geworden sind. Wir brauchen also Beamte, die klarstellen, dass es auch für diese Ersatzreligionen eine rote Linie gibt, wenn es um die Grundrechte der Bürger geht.

Die Stoßrichtung ist daher klar: Gebt den Behörden endlich die Kompetenzen, um unsere Rechte effektiv zu schützen. Gebt ihnen die nötigen Ressourcen. Gebt ihnen Entscheidungsträger, die sich trauen, unbequem zu sein und gebt ihnen vor allem auch den politischen Rückhalt, um sich mit den großen Datenkraken anlegen zu können.

Flächendeckende externe Kontrollen

Selbst mit den besten Datenschutzbehörden bleibt aber folgendes Problem: Diese Behörden können unmöglich jedes Unternehmen permanent überwachen. Selbst wenn diese Behörden nur einmal im Jahr jedes Unternehmen kontrollieren würden, dann wäre das mit unglaublich hohen Kosten und einem sehr hohen Aufwand verbunden. Heute versuchen die meisten EU-Länder, die flächendeckende Überprüfung durch »Datenschutzregister« zu lösen. In diesen Registern müssten die Unternehmen melden, was sie tun. Diese Register sind aber in der Realität vollkommen unbekannt, die Registerbestände sind von der Realität so weit entfernt wie die österreichische Fußballnationalmannschaft von einem WM-Sieg. Das System ist für Unternehmen bürokratisch und für Nutzer wenig sinnvoll.

Die große Alternative zu Registern sind derzeit »interne Datenschutzbeauftragte« in jedem Unternehmen. Das ist die Praxis in Deutschland. Das kann gut funktionieren, ob diese Leute aber tatsächlich primär den Schutz der Nutzer im Auge haben, hängt wieder vom jeweiligen Unternehmen ab. In vielen Konzernen sind Datenschutzbeauftragte vor allem damit beschäftigt, die Unternehmen vor Behörden und Nutzern zu schützen und nicht andersrum. In der Realität ruft der Chef auch manchmal einfach irgendwen zu sich, um diese Person innerhalb von fünf Minuten schnell zum Datenschutzbeauftragten zu ernennen. Das ist natürlich kein ernsthafter Schutz für die Kunden, Angestellten und Nutzer. Viele Unternehmen beklagen auch, dass sie heute schon oft mehr Beauftragte brauchen als sie Mitarbeiter haben. Dieses System ist daher wohl auch nicht der Weisheit letzter Schluss, auch wenn es europaweit kommen soll und Vorteile gegenüber den alten Datenschutzregistern hat.

Viel logischer wäre aber eine externe Kontrolle oder Zertifizierung durch ein Privatunternehmen, das wiederum der Staat lizenziert. Die entsprechenden Prüfberichte könnten veröffentlicht oder zumindest den Datenschutzbehörden übermittelt werden. Macht der Prüfer Fehler oder nimmt er etwas ab, das eigentlich illegal ist, verliert er seine Lizenz. Damit gibt es eine Kette an Verantwortlichkeiten. So oder so ähnlich machen wir das bei Bilanzprüfern, Ziviltechnikern bis hin zu Bio-Zertifizierern, mit vergleichsweise guten Ergebnissen. Auch hier haben die Verantwortlichen erkannt, dass es für den Staat unmöglich ist, jede Bilanz und jeden Bauernhof zu überprüfen. Daher setzt der Staat die Regeln fest und macht Stichproben, den Rest machen lizenzierte Privatunternehmen.

Je nach Umfang der Datenverarbeitung würden dabei auch die Kosten für die Unternehmen skalieren. Für eine ordentliche Prüfung müssten Facebook, Google oder Apple eben einen Trupp von 20 Prüfern für ein paar Wochen anheuern. Ein normales Unternehmen, das nur nebenbei Daten verarbeitet, zahlt einen Prüfer für ein paar Stunden. Kleinunternehmen, die nicht primär mit Daten arbeiten, könnten aus diesem System überhaupt herausfallen.

Auch für den Bereich der Informationswirtschaft wäre eine staatlich geregelte externe Kontrolle vermutlich die billigste und effektivste Lösung. Sie wäre jedenfalls sinnvoller als verstaubte Register oder den »Brandschutz-, Arbeitssicherheits- und Erste-Hilfe-Beauftragten« auch noch zum »Datenschutzbeauftragen« zu ernennen.

Ernsthafte Strafen und Gewinnabschöpfung

Heute ist es regelmäßig ein wirtschaftlicher Wahnsinn, wenn sich ein Unternehmen an die Gesetze hält. Wenn es Strafen und die Wahrscheinlichkeit, erwischt zu werden, gegen die wirtschaftlichen Vorteile des Rechtsbruchs abwägt, gibt es keinen Grund, sich an die Gesetze zu halten. Wenn es in einzelnen Staaten, wie in Irland, überhaupt keine Strafen gibt und in vielen Ländern, wie Österreich, Strafen von maximal € 25.000 möglich sind, dann lacht der Boss eines Milliardenkonzerns gleichgültig. In Deutschland gibt es zumindest Strafen von bis zu € 300.000, auch in anderen EU-Ländern gibt es durchaus höhere Limits. Verhängt werden Strafen aber nur sehr selten. Kleinunternehmen sind mit € 25.000 hingegen schnell bankrott, was vollkommen ungerecht ist. Daher müssen wir dynamische, an die wirtschaftliche Potenz des Unternehmens angepasste Strafen einführen. Es muss den Großen genauso wehtun wie den Kleinen. Jene Unternehmen, die sich an die Vorgaben halten, dürfen nicht das Gefühl bekommen, die Idioten vom Dienst zu sein. Das Ziel ist klar: Gesetzesbrecher dürfen nicht auch noch eine wirtschaftliche Belohnung bekommen.

Die EU hat hier schon 2-5% des weltweiten Umsatzes als Maximalstrafe vorgeschlagen. Das wären zum Beispiel bei Google mehr als 2 Milliarden Euro, also das 80.000 fache der heutigen Strafen in Österreich oder mehr als das 6.500 fache der Strafen in Deutschland. Mit diesen möglichen Strafen werden unsere Grundrechte dann auch global und vor allem im »Silicon Valley« sicherlich ernst genommen. Gerade die amerikanische Herangehensweise, Recht als Risiko zu sehen, ist hier relevant. Die Einschätzung dreht sich mit diesen Strafrahmen schnell von »eh egal« zu »passt da genau auf!«. Als praktischen Nebeneffekt könnten wir mit diesen Bußgeldern auch die Datenschutzbehörden recht schnell aus ihrem kümmerlichen Dasein befreien. Fürs allgemeine Budget würde sicher auch noch etwas übrig bleiben. Da lacht Ihr Finanzminister endlich mal gemeinsam mit Ihnen. »Win-Win-Situation« nennt man das, oder?

Weiters muss auch, wie in anderen Bereichen, eine flächendeckende Gewinnabschöpfung kommen. Wenn Unternehmen mit illegalen Methoden Geld machen oder ihre wirtschaftlichen Chancen steigern, muss dieser Vorteil abgeschöpft werden. Andernfalls zahlen die Unternehmen die halbe Strafe schon aus ihren illegalen Gewinnen. Auch das ist in den meisten anderen Rechtsbereichen normal und müsste auch im Datenschutz endlich Einzug halten.

Wenn Sie jetzt denken: »Alles schön und gut, aber die Unternehmen sitzen ja irgendwo im Ausland«, dann kann ich Sie beruhigen: Die Durchsetzung dieser Strafen ist auch gegenüber ausländischen Unternehmen nicht wirklich das Problem. Alle global operierenden Unternehmen haben Vermögenswerte in Europa, die einfrierbar oder einziehbar sind. Wie das geht, wissen wir ja auch in anderen Bereichen.

Schadenersatz

Ein weiterer Baustein wäre es, wenn wir endlich flächendeckend Schadenersatz für die Verletzung von Datenschutz und der Privatsphäre einführten.

Allein schon, damit es sich überhaupt auszahlt, Ihre Grundrechte durchzusetzen, ist es dringend notwendig, dass wir auch bei Verletzungen der Privatsphäre den emotionalen Schaden wie beim Schmerzensgeld flächendeckend anerkennen. Denn genau die Missachtung Ihrer Privatsphäre ist der Nachteil, den das Gesetz schützt. Es ist grotesk, genau diesen Nachteil nicht auch finanziell abzugelten.

Solche Ersatzzahlungen müssen keine großen Summen wie in den USA sein, aber ein gerechter Ausgleich für den Eingriff in ein Grundrecht ist bei massiven Rechtsbrüchen längst überfällig. In Österreich und in Großbritannien gab es Fälle, in denen die Gerichte den emotionalen Schaden für die illegale Weitergabe von Daten in der Praxis mit € 750 bis € 1.000 ansetzten. Solche Ersatzzahlungen machen kein Unternehmen bankrott, es ist aber ein Signal und ein fairer Ausgleich für einen Eingriff in ein Grundrecht.

Für solche Summen zahlt sich für den Betroffenen dann auch ein kleiner Prozess aus. Unternehmen müssten solche Klagen hingegen einkalkulieren, wenn Sie unsere Rechte wieder mal mit Füßen treten. Diese private Durchsetzung des Grundrechts könnte damit, neben der Durchsetzung durch die Behörden, ein zweites Standbein werden. Damit würden wir einen weiteren Schritt setzen, damit unsere Grundrechte nicht einfach nur etwas sind, womit wir uns das Klo tapezieren können.

Kollektive Durchsetzung

Natürlich wäre es selbst nach einer generellen Anerkennung von emotionalem Schadenersatz regelmäßig weiterhin so, dass Betroffene am kürzeren Ast sitzen. Nicht jeder hat die Zeit und die Nerven, sich zu informieren, was mit seinen Daten passiert ist. Oft ist das für einen Normalbürger auch nicht möglich. Nicht jeder kann sich eine Klage leisten und nicht jeder hat Lust, sich jahrelang mit einem Konzern zu streiten.

Das gleiche Problem hatten wir auch bei den normalen »analogen« Verbrauchern. Um das Problem zu verkleinern, schlossen sich Konsumenten in Verbraucherverbände zusammen. Diese sind auch meistens staatlich unterstützt, sowohl finanziell als auch politisch. Erst diese Zusammenschlüsse machten es möglich, Produkte systematisch zu testen und zu überprüfen, ob sie den Vorschriften entsprechen. Wenn Unternehmen massenhaft Gesetze brechen, können diese Verbände auch im Namen aller Verbraucher eine Klage einbringen.

Dieses System der kollektiven Durchsetzung ist für den Bereich des Datenschutzes längst überfällig. Idealerweise wäre das auf EU-Ebene einzurichten, damit diese Verbände gleich in ganz Europa und nicht nur für die Nutzer in einigen Staaten etwas erreichen können.

Zusammenfassend ist zu sagen, dass wir durch eine konzentrierte Anwendung und Kombination der bereits vorhandenen Mittel viel erreichen könnten. Bauen wir diese Mittel hier und da noch etwas aus, würde sich das Blatt im Poker um unsere Daten vermutlich sehr schnell wenden. Viele dieser derzeit diskutierten Ideen sind den Entscheidungsträgern auch schon bekannt und teilweise sogar kurz vor dem Durchbruch. Vor allem die EU-Kommission und das EU-Parlament sind derzeit dabei, in diese Richtung zu arbeiten und wollen möglichst schnell strengeren Datenschutz, der viele dieser Probleme lösen würde. Es sieht also gut aus, wenn die Mitgliedsstaaten sie nicht noch aufhalten. Im EU-Ministerrat blockieren nämlich viele Staaten einen noch besseren Datenschutz. Neben den üblichen Verdächtigen, wie etwa Großbritannien, soll vor allem auch Deutschland eine unrühmliche Rolle als Dauerbremser innehaben. Die Hintergründe für diese Blockadehaltung der Mitgliedsstaaten sind irgendwo zwischen Industrieinteressen und nationalen Befindlichkeiten zu suchen. Schlussendlich werden sie sich aber hoffentlich auf eine sinnvolle Lösung einigen.

Gemeinsam mit anderen Ansätzen, wie der breiten Bewusstseinsbildung, »Privacy by Design« und der Beseitigung von unberechtigten technischen und wirtschaftlichen Monopolen, würden wir einer deutlich besseren Welt entgegen gehen, als viele der derzeitigen Zukunftsszenarien uns glauben machen wollen.

39. Schlusswort

Der Kampf um unsere Daten hat erst begonnen. Wir müssen jetzt mit Hochdruck daran arbeiten, dass sich unser Grundrecht auf Privatsphäre nicht im Zuge der Digitalisierung auflöst. Sehen wir weiter zu, wie Datenschutz nur auf dem Papier existiert, riskiert Europa, jede Glaubwürdigkeit in diesem Bereich zu verlieren.

Wir dürfen uns weder einreden lassen, dass alles was IT-Konzerne heute tun normal ist, noch sollten wir die Technologie einfach verteufeln. Wir dürfen uns nicht vorgaukeln lassen, dass wir schon verloren hätten oder dass die derzeitige Entwicklung gottgegeben wäre, denn beides ist falsch. Wir müssen aktiv werden und unsere Grundrechte verteidigen. Das wird nicht leicht. Die Aufrechterhaltung von Grundrechten war schon immer eine kollektive Anstrengung, eine mühsame Arbeit der vielen kleinen Schritte.

Wenn wir diese Schritte aber gehen, hat Europa heute die einmalige Chance, Vorreiter für eine menschenwürdige Informationsgesellschaft zu werden. Bis wir diese Rolle ausfüllen können, wird es sicherlich noch einige Jahre dauern und auch darüber hinaus permanente Wachsamkeit brauchen. Ich bin aber zuversichtlich, dass wir es am Ende schaffen können und den »Kampf um unsere Daten« gewinnen werden.